Barbara Brugger

TANZEN zwischen HIMMEL und ERDE

Afrikanischer Tanz

Mit Choreographien von Cheikh Tidiane Niane

Ines Blersch
Fotografie

arbor
Verlag

Freiamt

Wir danken :
s/w Labor Schenk-Campell, Color Service, Gerd und Gisi, Hans Walz,
Karl Wenzel, Andie Merk, Gundi Förschner, Alex, Elena, Gebhard
– und Cheikh.

Die Deutsche Bibliothek – CIP-Einheitsaufnahme

Brugger, Barbara: Tanzen zwischen Himmel und Erde :
afrikanischer Tanz / Barbara Brugger (Autorin). Ines Blersch (Fotos).
Mit Choreographien von Cheikh Tidiane Niane.
- 1. Aufl. - Freiamt : Arbor-Verl., 1993
ISBN 3-924195-13-7
NE: Blersch, Ines [Ill.]

Titelgestaltung: Andreas Lang
Grafik und Repro: Grafik & Reprostudio Andreas Lang, Ostfildern
Musikalische Bearbeitung: Jürgen Braun
Druck und Verarbeitung: Kösel, Kempten

1.Auflage 1993

ISBN 3-924195-13-7

Inhalt

Einleitung

Eigentlich hatte ich Büchern über den Tanz immer recht skeptisch gegenübergestanden. Sie waren für mich immer nur eine Randerscheinung im gesamten Erlebnis Tanz, eine Art schöner Beigabe von untergeordneter Bedeutung. Selbst zu tanzen, einer Tanzaufführung zuzuschauen oder den Tanz weiterzugeben, zu unterrichten, war für mich, und ist es noch immer, ein großes Erlebnis des Moments und des eigenen Körpers. Ein Buch darüber war mir wie eine leblose Bestandsaufnahme erschienen, von den Problemen ganz abgesehen, die immer auftraten, wenn ich versuchte, eine Exercise oder Bewegung einer bebilderten Anleitung entsprechend auszuführen.

Dabei befand ich mich oft in den komischsten Positionen: das Buch in der rechten Hand, den Finger zwischen die entsprechenden Seiten geklemmt. Der Text lautete: „Kopf nach unten, rechter Arm nach oben." Ich versuchte mich in dieser Haltung und fragte mich: „Wie geht es weiter?" – Keine Ahnung, also im Buch nachsehen! – Dieses befand sich aber gerade in meiner rechten Hand, hoch über dem Kopf. Also, abbrechen, nachsehen usw. Kurz, ein sehr mühsames Unterfangen, und ich war, wenn ich glaubte, den Bewegungsablauf gefunden zu haben, danach oft gar nicht mal sicher, ob es der Autor auch so gemeint hatte. Inzwischen plagen mich solche Zweifel nicht mehr so arg. Ich tanze die aus einem Buch übernommene Bewegung so, wie ich sie mir vorstelle und wie sie meinem Stil entspricht. Etwas Neues oder Anregendes kommt immer dabei heraus.

Wie es nun dazu kam, daß ich trotz meiner gemischten Gefühle ein Buch über afrikanischen Tanz schrieb, ist schnell erzählt.

Mehr oder weniger durch Zufall hatte es mich in einen Kurs über afrikanischen Tanz verschlagen. Den Unterricht hielt eine deutsche Lehrerin. Es dauerte einige Zeit, bis ich mich für diesen Tanzstil begeistern konnte, aber dank eines mitreißenden Unterrichts sprang der Funke schließlich über, und ich begann, mich intensiver mit dem afrikanischen Tanz zu beschäftigen.

So begegnete ich als Tanzschülerin in einem Wochenendkurs zum ersten Mal Cheikh Tidiane Niane. Ahnungslos, daß diese Begegnung mein tänzerisches Leben von Grund auf verändern würde, begann ich diesen Kurs und wurde verschlungen vom afrikanischen Tanzerlebnis, vom Klang und Rhythmus der

Trommel, die mich am Anfang gleichsam in den Boden schlug, um mich anschließend in die Luft zu schleudern. Große Dynamik und tiefe Ruhe wechselten in mir, und ich ging nach diesem Wochenende fasziniert und verwirrt zugleich nach Hause. Ich war von dem "Virus afrikanischer Tanz" befallen...

Vor mir war es schon vielen so ergangen, wie ich in Gesprächen erfuhr, und später konnte ich "Infektionen" dieser Art immer wieder im großen Kreis der Workshop-Teilnehmer beobachten.

Seit diesem Erlebnis ließ mich der afrikanische Tanz nicht mehr los, und es entstand eine tiefe Freundschaft zwischen Cheikh und mir. So bekam ich nicht nur eine intensive Schulung im Tanz, sondern gewann auch einen Einblick in die afrikanische Lebens- und Denkweise.

Eines Tages erzählte mir Cheikh von einer Fotografin, die sehr gute Aufnahmen von seinen Tänzen gemacht hatte. Die Fotos seien der Grundstock für ein Buch. Ein Buch über afrikanischen Tanz – das fand ich im ersten Moment eine unsinnige Idee. In dieser Situation rief mich die Fotografin an und bat mich, ihre Fotos doch einmal anzusehen und mir zu überlegen, ob ich nicht den Textteil für eine Veröffentlichung übernehmen könnte.

Ich sah die Fotos und war begeistert. Der lebendige Tanz entstand vor meinem inneren Auge. Beim Anschauen der Bilder bekam ich richtiggehend Lust, sofort loszutanzen, und ich fühlte, daß ein Buch über afrikanischen Tanz mit diesen Fotos möglich würde.

Die erste persönliche Begegnung mit Ines Blersch war sehr aufregend. Beide waren wir inzwischen überzeugt von der Idee für das Buch, beide hatten wir schon bestimmte Vorstellungen, beide steckten wir mit Leib und Seele in der Arbeit, aber wir kannten uns nur vom Telefonieren. Inzwischen sind wir gute Freunde. Jedesmal, wenn wir uns trafen, um am Buch zu arbeiten, genossen wir den Einklang zwischen uns, der uns beflügelte und unserer Arbeit förderlich war. Die Fototermine mit Cheikh waren oft Fest und Arbeit zugleich. Alle drei waren wir sehr glücklich, zusammen zu arbeiten und zu lachen.

Das Buch nahm langsam Form an und groß war unsere Freude, einen Verlag zu finden, den wir für unsere Idee begeistern konnten.

In dieser Zeit kristallisierte sich ein in drei Teile unterteilter Aufbau heraus. Während ich im ersten Teil auf die Wurzeln des afrikanischen Tanzes eingehe, soll der zweite Teil ein Eintauchen in die faszinierende Welt afrikanischen Lebens und Festefeierns ermöglichen. Farbfotos und Texte afrikanischer Autoren entführen auf eine kleine Reise nach Westafrika. Sie dient der Einstimmung in den choreographischen Teil. In diesem versuchen wir, die Tänze von Cheikh in Wort und Bild zu vermitteln und sie so darzustellen, daß Anfänger und Fortgeschrittene gleichermaßen etwas damit anfangen können. Dieser Teil ist so klar und einfach wie möglich gehalten und versteht sich auch als Einladung zum Tanzen.

Während der Arbeit am choreographischen Teil wurde mir immer deutlicher, wie wichtig es ist, das besondere Tanzgefühl des afrikanischen Tanzes zu vermitteln. Dieses Tanzgefühl ist es, was den afrikanischen Tanz für uns so attraktiv macht. Ein Tanzgefühl und eine Einstellung zum Tanz, die gegensätzliche Momente vereint: mit gelöster Kraft loslegen, sich in den Rhythmus fallen lassen, sich dem Tanzen vollkommen hingeben, körperlich an seine Grenzen gehen und hinterher trotzdem nicht total kaputt sein, das Sich-Vergessen im Tanz und trotzdem mit beiden Füßen fest auf der Erde zu stehen. In gesteigerter Form kann dieses Tanzgefühl bis zur Trance führen.

Cheikh sagte einmal:"Wenn ich singe, trommle und tanze, bin ich manchmal in Trance, und ich vergesse, wo ich mich gerade aufhalte. Dann bin ich glücklich, und es ist ganz gleich, wo ich bin, hier oder zu Hause in Afrika."

Ich habe die Begeisterung am afrikanischen Tanz seit langer Zeit selbst erlebt und seine Faszination, die manchmal schon fast an Sucht zu grenzen scheint, an zahlreichen Schülerinnen und Schülern von Cheikh beobachten können. Und ich habe mich immer wieder gefragt, warum gerade der afrikanische Tanz so eine besondere Anziehungskraft hat. Warum gerade dieser Tanz und sein Tanzgefühl sich so stark vom Tanzgefühl anderer Tanzstile unterscheidet. Aus der Sicht der Tänzerin und geschrieben für Tänzerinnen und Tänzer – und solche, die es vielleicht noch werden wollen – versuche ich diesen Fragen im Folgenden nachzugehen. Als Anhaltspunkte für diesen Versuch dienen mir vor allem drei Kräfte, die dem afrikanischen Tanz bis heute Inhalt, Ausdruck und damit auch dieses besondere Tanzgefühl geben: die Erde, das Wort und der Rhythmus.

Nun möchte ich noch etwas erwähnen, das nichts mit Tanz zu tun hat und mir unwillkürlich bei der Lektüre afrikanischer Romane und neuzeitlicher afrikanischer Literatur auffiel. Es ist die afrikanische Bewertung des geschriebenen Wortes und damit auch einer Ansammlung davon, also beispielsweise eines Buches. Diese Bewertung unterscheidet sich so stark von der europäischen, daß es mir als sinnvoll und wichtig erscheint, etwas darüber zu schreiben. Und da ich es als Europäerin wage, ein Buch über Afrika zu schreiben, möchte ich an dieser Stelle nicht versäumen, mitzuteilen, wie afrikanische Schriftsteller das geschriebene Wort bewerten. Vielleicht ermöglicht es ein besseres Verständnis der vielen Auszüge aus der afrikanischen Literatur, die in diesem Buch in der Absicht zu Hilfe genommen wurden, afrikanisches Denken und Fühlen deutlich werden zu lassen.

Das geschriebene Wort ist sehr jung in Afrika. Die meisten afrikanischen Sprachen und Dialekte sind ausschließlich gesprochene Sprachen. Das Existieren von Unmengen beschriebenen und bedruckten Papiers ist uns so selbstverständlich, daß fast niemand mehr darüber nachdenkt. In Afrika wird dies kritisch betrachtet, und nicht zu unrecht.

Ein treffendes Beispiel für die afrikanische Bewertung des gesprochenen Wortes gibt Francis Bebey in seinem Roman *Eine Liebe in Duala*: „Aber bei uns hatte das schönste geschriebene Testament nicht die Kraft des Wortes, das ein Sterbender sprach. Das Wort ist auf das Leben gerichtet, das Leben, das weitergeht und das der Mensch jederzeit zu respektieren hat, weil es das einzige auf Erden ist, das nicht vergeht. Die Menschen, die schreiben können, verlieren diese tiefe Achtung vor dem Leben. Sie wissen, daß ihr Denken die Zeit überdauert, sie wissen, daß das, was sie heute sagen oder denken, auch morgen seine Form behält, wie auch die Menschen beschaffen sein mögen, die nach ihnen leben – denn die Schrift bleibt, die dem Gedanken eine unabänderliche Gestalt gibt... Als der Mensch die Schrift erfand, glaubte er, sich gegen die Unbill der Zeit zu sichern; er verschloß seine Gedanken in einem Buch, dem er ein immer mehr wachsendes und anscheinend unzerstörbares Vertrauen entgegenbrachte. Indessen, das Buch verdient in keiner Hinsicht dieses weitreichende Vertrauen, denn im Grunde ist es der unzuverlässigste Freund, den man sich denken kann. Sagt ihm, daß ihr soeben eine Entdeckung gemacht habt, und es hat nichts Eiligeres zu tun, als sie überall auszuplaudern, als ob die Sache alle Welt etwas anginge. Diese Gepflogenheit, vor niemand ein Geheimnis zu haben, ist das sicherste Mittel, zu guter Letzt niemanden klüger zu machen, da jeder weiß, daß das Geschriebene nicht für ihn persönlich bestimmt ist.

Bei uns hatte sich die Sitte der Vorfahren erhalten, uns nur denen mitzuteilen, die wir liebhaben, mit der Gewißheit, daß sie von unserer Mitteilung einen guten Gebrauch machen würden. Deshalb behielt das Wort – und behält es noch immer – eine Bedeutung, die ihm die Bücher und Zeitungen nicht so bald rauben werden."

Was sollte ich diesem Zitat noch hinzufügen?

Es hat mir bei meiner Arbeit mit diesem Buch jedenfalls immer wieder zu denken gegeben.

Und es hat den letzten Ausschlag gegeben, mich für eine persönliche und erzählende Sprache zu entscheiden. Es ist eine Sprache, die der gesprochenen Sprache näherkommt und die einen, wenn auch unbekannten, Ansprechpartner besitzt. Ich hoffe, daß ich mich und auch Sie damit der afrikanischen Sprech-, Schreib- und Denkweise etwas näherbringen kann.

Die Annäherung und die Auseinanderstzung mit einer fremden Kultur bringt viele Probleme mit sich. Das Verhältnis von Europa zu Afrika, und umgekehrt, das Verhältnis von Afrika zu Europa, ist mit einer Problematik behaftet, die hauptsächlich durch den Kolonialismus entstanden ist, worauf ich hier jedoch nicht näher eingehe. Für mich steht der Tanz im Mittelpunkt. Eine Bitte möchte ich jedoch weitergeben. Diese Bitte in Form einer Hoffnung erinnert uns und ermahnt uns, nicht immer nur zu vergleichen und vorschnell zu urteilen. So schreibt Chinua Achebe: „Mein Hoffen besteht darin, daß über all der vielen Neugier, mit der der Weiße dem Schwarzen begegnet, eines Tages der Weiße tatsächlich das Zuhören lernt..."

Diese und viele andere Gedanken und Fakten haben mich während der Arbeit an diesem Buch bewegt. Viele Dinge habe ich dabei gefunden, gezielt und auch zufällig. Ich habe sie ausgewählt nach meinen Überlegungen und nach meinem Gefühl. Vieles ist mir sicherlich entgangen oder ich habe es unwissentlich als unwichtig wieder auf die Seite geschoben.

So möchte ich Sie bitten, sich mit mir auf die Suche zu begeben und dieses Buch nicht als eine vollständige Studie, ein abgeschlossenes Werk, zu betrachten, sondern als Teil meines persönlichen Weges zum Verständnis und Erleben des afrikanischen Tanzes. Und ich hoffe und wünsche Ihnen, daß dieser Weg beim Lesen und Anschauen auch für Sie ein guter, lebendiger und begehbarer Weg wird.

Der Tänzer und Lehrer Cheikh Tidiane Niane

Auf den folgenden Seiten erscheint immer wieder der Name "Cheikh", und wie Sie vielleicht schon beim schnellen Durchblättern bemerkt haben, begleitet er uns im Text und vor allem auf den Fotos das ganze Buch hindurch. Am Aufbau und an der Gestaltung seiner Tänze und an seiner Arbeitsweise im Unterricht orientiert sich dieses Buch. Cheikh ist für mich als mein Lehrer, und somit auch für meine Arbeit an diesem Buch, die Schlüsselfigur zum afrikanischen Tanz. Deshalb möchte ich ihn kurz vorstellen.

Cheikh Tidiane Niane ist in Dakar/Senegal geboren, genauer in der Altstadt, der Medina von Dakar. Dies ist ein Viertel der Hauptstadt Senegals, das nichts von seinem ländlichen afrikanischen Charakter verloren hat. Hier leben die Menschen noch in Großfamilien. Das Straßenbild wird bestimmt durch einstökkige Gebäude mit einem Innenhof, der von Ziegen und Hühnern bewohnt wird, als Waschplatz dient und gleichzeitig räumlicher Mittelpunkt des Familienlebens ist. Reges Treiben herrscht auf den von Märkten belebten Straßen, und die Menschen leben dicht beieinander. In dieser Umgebung ist Cheikh in seiner Großfamilie aufgewachsen. Wann er zu tanzen begann, weiß er selber nicht genau zu sagen. Ganz sicher ist er sich jedenfalls, daß er sich für Tanz und Musik schon immer wesentlich mehr interessierte als für die Schule. Eine wichtige Person in seinem tänzerischen Werdegang war seine Mutter. Sie hat die Begabung ihres jüngsten Sohnes bald erkannt und ihn bestärkt, die traditionelle Ordnung außer acht zu lassen und Tänzer zu werden, obwohl er nicht aus einer Grioten-Familie stammt. Den Grioten allein ist es vorbehalten, sämtliches kulturelle Erbe, so auch den Tanz, an die Nachfahren weiterzugeben.

„Tanze, habe keine Angst, dein Tanz ist sehr schön“, diese Worte seiner Mutter, von der er mit sehr viel Liebe und Achtung spricht, wird Cheikh nie vergessen, und sie haben in ihm das Selbstvertrauen geschaffen und ihm die Kraft gegeben, den wichtigen Schritt zu wagen und die Traditionen zu durchbrechen. Sein Sinn stand jedoch nicht danach, den Grioten nachzueifern, die bei Festen auftreten, singen und tanzen und sich damit ihren Lebensunterhalt verdienen.

Nach einer Ausbildung an der *Ecole des beaux Arts* in Dakar wurde er Tänzer im Nationalballett von Senegal. Während einer Europatournee, Cheikh war inzwischen Solotänzer, beeindruckte er Maurice Béjart, der ihn an die *Mudra Afrique* nach Dakar holte. Die Mudra Afrique war eine internationale Schule für afrikanischen Tanz. Sie wurde von Maurice Béjart und Germaine Acogny geleitet. Durch den damaligen Präsidenten Léopold Sédar Senghor, der auch einer der wichtigsten Vertreter der Negritude ist, wurde die Arbeit dieser Schule besonders gefördert und unterstützt. Über L. S. Senghor sagt Cheikh: „Er hat dafür gesorgt, daß der afrikanische Tanz seine Grenzen verlassen hat und zu einer internationalen Sprache geworden ist.“ Genau dies war das Anliegen der Mudra Afrique. An der Ausbildung nahmen nicht nur Schüler und Schülerinnen aus Afrika, sondern auch aus Europa und den USA teil. Das kulturelle Erbe, der traditionelle Tanz, wurde ebenso wie westliche Tanzstile unterrichtet, Trommel- und Schauspielunterricht rundeten die Ausbildung ab. Ziel war es, dem afrikanischen Tanz internationale Anerkennung zu verschaffen.

An der Mudra Afrique übernahm Cheikh den Unterricht für den traditionellen Tanz und wurde stellvertretender Leiter.

Von Kind an galt Cheikhs hauptsächliches Interesse dem traditionellen afrikanischen Tanz. Seine ersten Tanzschritte hatte er nicht erst in der Schule im Tanzunterricht gemacht, vielmehr hatte er schon als kleiner Junge bei Tanzfesten den Erwachsenen zugeschaut und gut aufgepaßt. Zu Hause wurde dann geübt und ausprobiert, bis er sich zutraute, seine Tanzkünste vor dem kritischen Publikum der Erwachsenen zu zeigen. Applaus und Kritik der aufmerksamen Zuschauer zeigten ihm den richtigen Weg. Zunächst lernte er genau so, wie alle afrikanischen Kinder die überlieferten Tänze und Lieder lernen. Während seiner gesamten schulischen Ausbildung, die auch klassisches Ballett und Modern Dance umfaßte, galt Cheikhs Liebe und Leidenschaft immer dem traditionellen afrikanischen Tanz. Er beobachtete, studierte und reiste in die Dörfer, nicht nur um alles zu notieren und festzuhalten, sondern um die unterschiedlichen Tänze mit den Menschen gemeinsam zu erleben. Diese Studien vertiefte er während seiner Zeit als Lehrer an der "Mudra" und entdeckte seine Liebe und seine besondere Begabung, sein eigenes Kulturgut an andere weiterzugeben.

Durch einen Regierungswechsel wurde der Mudra Afrique die finanzielle Unterstützung entzogen, und sie mußte geschlossen werden. Aber auch nach der Schließung haben die Kontakte in aller Welt weiterbestanden. Durch eine solche Verbindung kam Cheikh nach Zürich. Sein besonderes Interesse galt seit der Arbeit an der Mudra Afrique dem Unterricht. Er begann, in Europa afrikanischen Tanz zu unterrichten, und führte so die Idee der Mudra Afrique weiter.

Seit einigen Jahren arbeitet Cheikh mit großem Erfolg in der Schweiz, in Österreich und in Deutschland sowie in einigen südeuropäischen Ländern.

Zweimal im Jahr bietet er seinen Schülerinnen und Schülern die seltene Möglichkeit, den afrikanischen Tanz vor Ort, in Senegal selbst, zu lernen und zu erleben.

In seinen Choreographien hat Cheikh die Fülle und Vielfalt der traditionellen Tanzbewegungen Westafrikas versammelt. Er hat die Tänze gestaltet und geordnet und ihnen eine Form gegeben, die es ihm ermöglicht, diese Tänze in Europa zu unterrichten; und zwar sinnvoll zu unterrichten, das heißt, sie in einer Weise weiterzugeben, daß die Schülerinnen und Schüler nicht in leeres Nachahmen verfallen, sondern Ihnen das komplexe Zusammenwirken verschiedenster im afrikanischen Tanz typischer Elemente erlebbar wird.

Die Tänze von Cheikh haben zwar eine feste Bewegungsabfolge, aber durch seine beständige künstlerische Weiterentwicklung werden sie laufend durch neue Varianten verändert. Sie geben dem Anfänger einen guten Einstieg und sind zugleich eine unerschöpfliche Fundgrube für Fortgeschrittene.

Seinen Unterricht begleitet Cheikh selbst mit verschiedenen Trommeln. Da der Bezug zum Trommelrhythmus im afrikanischen Tanz sehr direkt und intensiv ist, kann Cheikh so zusätzlich auf den Unterricht Einfluß nehmen.

Wird eine Ruhepause nötig, so nützt er dies aus, um mit seinen Schülern zu singen. So lernen die Tänzerinnen und Tänzer nach und nach die Lieder, die zu den erlernten Tänzen gehören und die von den Fortgeschrittenen zum Teil auch während des Tanzens gesungen werden.

Es ist also die Gesamtheit von Tanz, Trommel und Gesang, die seinen Unterricht so wertvoll macht. Durch seine didaktischen, künstlerischen und menschlichen Fähigkeiten schafft es Cheikh in jedem Kurs, dieses typisch afrikanische Erlebnis zu vermitteln.

Warum Cheikh dieses Erlebnis auch an Nicht-Afrikaner so direkt und intensiv vermitteln kann, erklärt Dominique Starck folgendermaßen: „Cheikh besitzt ein tiefes ganzheitliches Wissen um Rhythmus und Klang und deren Funktion als Träger von Energie. Er versteht es, mit der enormen Kraft umzugehen, die durch diese Musik und die Tänze vermittelt werden kann, und wie sie transformiert wird.“

Dominique Starck, Musiker und Komponist aus Zürich, hat diese Kraft spontan empfunden und ihre stärkende und positive Wirkung erkannt. Aus diesem Kontakt entstand eine fruchtbare Zusammenarbeit zwischen Cheikh und Dominique, und in ihrer gemeinsamen Musik verbinden sich die Kulturkreise.

In Afrika hat der Tanz auch eine soziale Funktion. Deshalb gehört zu diesem afrikanischen Tanzerlebnis neben den gestaltenden Elementen Tanz, Trommel und Gesang auch das Gefühl, in einer Gemeinschaft zu tanzen, sich gemeinsam an der Bewegung und am Rhythmus zu freuen.

Durch seine langjährige Unterrichtstätigkeit in Europa hat Cheikh erkannt, daß der afrikanische Tanz auch hier eine soziale Funktion übernehmen kann: Er führt Menschen zusammen. Daher sieht Cheikh in seinem Unterricht nicht nur die Aufgabe, die Tänze technisch perfekt zu lehren und das typische Tanzgefühl zu vermitteln, ihm liegt zugleich die Kommunikation unter den Kursteilnehmern und das harmonische Gruppengefühl sehr am Herzen. Für die Kursteilnehmer oft unbemerkt, läßt Cheikh unzählige Hilfen in den Unterricht einfließen, die die Schülerinnen und Schüler veranlassen, aufeinander zu achten, sich zu helfen oder die angebotene Hilfe anzunehmen. Zunächst, beim Einüben der Schrittfolgen und Bewegungen, läßt er jeden Schüler einzeln und für sich arbeiten. Erst wenn alle einigermaßen "drin" sind, beginnt der richtige Tanz, die Gruppe formiert sich, Cheikhs Stimme durchdringt mit seinem Gesang den ganzen Raum, die Trommel läßt den Körper vibrieren, und das, was bisher nur Einübung war, wird jetzt zum Tanz. Blicke werden gewechselt, kleine Gesten werden ausgetauscht, jeder spürt den Einklang von Rhythmus und Bewegung, nicht nur in seinen eigenen Körper, sondern zugleich als ein Teil der Gruppe. Nach dem Kurs sind alle geschafft, aber glücklich und zufrieden, und niemand überlegt sich, warum – es ist halt so.

Dazu sagt Cheikh ganz einfach: „Tanz ist Kunst, um zu helfen. Es macht mich zufrieden und bestärkt mich immer wieder von neuem, daß ich mit meinem Tanz hier in Europa eine soziale Aufgabe erfüllen kann.“ Dies ist auch die Erklärung, warum Cheikh mit immer wieder neuer Begeisterung Anfänger unterrichtet, warum er eine große Freude hat, mit Kindern zu arbeiten, und warum er die Liebe und Geduld aufbringt, seine künstlerische Arbeit auch im Unterricht mit Behinderten einzubringen. Seiner Freude am Tanz und seinem Engagement ist es wohl vor allem zu verdanken, daß sowohl Anfänger und Profis, als auch Kinder seinen Unterricht so begeistert aufnehmen.

Als "Tänzer aus Berufung" wurde er in einem Artikel der Zeitschrift *tanz aktuell* betitelt. Ich möchte dem hinzufügen: Cheikh ist Tänzer und Lehrer aus Berufung.

Der Tanz hat seinen gesamten Lebensweg bestimmt, durch den Tanz hat er alle seine Freunde gefunden und private wie auch berufliche Verbindungen geknüpft, in Afrika ebenso wie hier in Europa. „Wenn ich tanze und singe, dann habe ich kein Heimweh, und wenn draußen noch so viel Schnee liegt“, sagt Cheikh. So hilft auch ihm der Tanz, ein nicht immer einfaches Leben zu führen. Durch seine Arbeit ist er oft lange von zu Hause fort, und sein Leben gleicht manchmal eher dem eines Reisenden, auch wenn er in seinem Herzen tief in Afrika verwurzelt ist. Dies wird spürbar in seinem Unterricht und ganz besonders bei seinen Solo-Auftritten, wenn er ausschließlich tanzt, um sich selbst, seine Person, zu vermitteln, um uns einen Eindruck zu geben von seinen Gefühlen, seinen Erinnerungen und seinem Leben, dem Leben eines Mannes aus Afrika.

Den Choreographien und Tänzen von Cheikh liegen traditionelle Bewegungen zugrunde. Durch seine Arbeit im Unterricht und eine unaufhörliche künstlerische Auseinandersetzung sind diese Tänze einer ständigen Veränderung und Weiterentwicklung unterworfen. Dabei hat er sich in keiner Weise von den ursprünglichen Kräften und deren Auswirkung auf den Tanz entfernt. Sie sind in seiner Person, in seinen Choreographien und in seiner Unterrichtsmethode existent, und gerade dies erklärt den großen Erfolg, mit dem er in Europa unterrichtet. In der Arbeit von Cheikh wird deutlich, daß Weiterentwicklung im traditionellen afrikanischen Tanz nicht Entfernung von den Ursprüngen bedeutet, sondern, daß dieser Tanz, aufbauend auf seine ursprünglichen Kräfte, im heutigen Afrika weiterlebt und sich gleichzeitig anderen Kulturen zu öffnen und mitzuteilen vermag.

Der Anfang

Als Einführung für die folgenden drei Kapitel boten sich Auszüge aus dem berühmten Werk Marcel Griaules *Schwarze Genesis* an. Dabei handelt es sich um einen Schöpfungsmythos, der in der Orginalausgabe 1948 unter dem Titel *Dieu d'Eau* in Paris erschienen war. In diesem Werk erklärte der blinde Jäger Ogotemmeli, ein in die Überlieferungen eingeweihter Weiser, dem Autor in mehr als dreißig Gesprächen die Mythen und das Weltbild seines Volkes, den Dogon. Es mag einseitig erscheinen, ein einziges Werk so besonders hervorzuheben. Was mich dazu bewegt hat, gerade dieses Buch als Grundlage zu benutzen, hat folgende Gründe:

– Die Worte und Weisheiten, die in diesem Buch festgehalten wurden, sind direkt von einem Afrikaner vermittelt und in seinen Worten niedergeschrieben worden. Und ich möchte sie möglichst unverändert weitergeben. Das Unverfälschte wirkt auf jeden einzelnen in ganz persönlicher Weise.

– Die Aussage dieses Werkes hat Gültigkeit weit über das Dogonreich hinaus und gilt als mythologische Basis für das Gebiet des Sahel. Janheinz Jahn schreibt: „Der Geist Schwarzafrikas wird sichtbar“ durch dieses Werk.

– Sichtbar und dadurch zur Wirklichkeit wurden mir viele Dinge bei meinen Begegnungen mit Afrika und seinen Menschen, einem afrikanischen Leben, mehr als vierzig Jahre nachdem dieser Weise Ogotemmeli, als einer der letzten so vollkommen Eingeweihten, diese Mythen preisgegeben hatte. Sei es das Muster des Stoffes, die Machart der Armreifen oder der Umgang mit dem Wort, seien es die Grundbewegungen des Tanzes, es ist eine ständige Begegnung mit seinen Worten. Vieles kann noch heute in Beziehung dazu gebracht werden. Die Dinge existieren, und der Geist existiert.

Die Weiterentwicklung im traditionellen afrikanischen Tanz und in anderen kulturellen und sozialen Bereichen gründet in dieser mythologischen Weltanschauung. Mit dem ständigen Bezug auf die Mythen möchte ich jedoch keine

Rückkehr anstreben, sondern den Weg nach vorne öffnen. In den Tänzen von Cheikh lebt die auf diese Mythologie zurückgehende Grundhaltung zum Leben noch heute, und auch ich möchte sie wie einen roten Faden durch dieses Buch gehen lassen.

Von einem Faden schreibt auch Geneviève Claman-Griaule in der Einleitung des angeführten Werkes. „M. Griaule hat wie Ogotemmeli jene lebendigen Worte hinterlassen, die es anderen erlauben, den Faden der Enthüllungen fortzuspinnen". Ich habe mir erlaubt, diesen Faden zu ergreifen.

Auf einer solchen Wissensgrundlage kann der afrikanische Tanz für uns tanzende Europäer nicht nur sportliches Ereignis, Lust an der Bewegung, Zurschaustellung und Imitation von etwas Fremdem sein. Wenn wir den Weg zum afrikanischen Tanz bei Ogotemmeli beginnen, werden wir sicher im Tanz neue Wahrheiten entdecken, Wahrheiten über afrikanische Denk- und Lebensweise und sogar Wahrheiten über uns selbst.

Der allererste Anfang – Eine Zusammenfassung des Kapitels „2. Tag: Das erste Wort und das Faserkleid" aus *Schwarze Genesis.*

Der Forscher Marcel Griaule verbrachte viele Tage bei dem blinden Ogotemmeli, und jeden Tag enthüllte dieser ihm neue Weisheiten. Aus einem überwältigend komplexen System dieser beeindruckenden Mythologie hier einige Andeutungen:

Aus Lehmklumpen, die der Gott Amma, der einzige Gott, in den Raum schleuderte, schuf er Sonne, Mond und Sterne. Und so, wie er es zur Erschaffung der Gestirne getan hatte, so schleuderte er noch einmal einen Klumpen Lehm in den Raum und erschuf so die Erde.

Die erste Vereinigung Gottes mit der Erde war mit Problemen gezeichnet, und statt eines Zwillingspaares, der Verkörperung jeglicher Vollkommenheit, wurde der Schakal geboren. Er symbolisiert die Schwierigkeiten der Schöpfung, und Ogotemmeli sagt über ihn: „Da er allein war, hat der Schakal mehr Dinge angestellt, als der Mund erzählen kann."

Eine weitere Vereinigung des Ammas mit der Erde erfolgte. Das Wasser, der Samen des Lebens, befruchtete die Erde, und es entstanden die Zwillingswesen. „Gott hat sie wie aus Wasser geschaffen. In grüner Farbe, in Gestalt von Mensch und Schlange." Diese Zwillinge besaßen das Wesen Gottes, „denn sie waren aus seinem Samen gemacht, der zugleich der Träger, die Gestalt und der Stoff der Lebenskraft der Welt ist, die Quelle der Bewegung und der Beständigkeit der Wesen. Und diese Kraft ist das Wasser.“ Für das Zwillingspaar und für dessen Wesensinhalt, also auch für das Wasser selbst, verwendete Ogotemmeli das Wort Nommo.

„Das Nommo erblickte von der Höhe des Himmels seine Mutter, die Erde, nackt und ohne Wort... Das Nommo stieg auf die Erde herab und brachte Fasern und Pflanzen, die schon in den himmlischen Gefilden wuchsen“, um die Erde zu bekleiden und ihr somit das Wort zu bringen.

„Das Nommo stößt, wenn es spricht, wie jedes Wesen einen lauwarmen Dampf aus, der das Wort trägt, das Wort selbst. Und dieser tönende Dampf bewegt sich wie alles Wasser auf einer schraubenförmigen Linie. Die Windungen des Gewandes waren also der bevorzugte Weg des Wortes, das der Geist der Erde enthüllen wollte. Er verzauberte seine Hände, indem er sie zu den Lippen führte, während er flocht.

So schlang sich das feuchte Wort um die feuchten Flechten, und die geistige Enthüllung durchdrang die technische Unterweisung... Derartig bekleidet hatte die Erde eine Sprache.“

Die Lebenskraft, die in der Kraft des Wassers existiert, wird mit dem Wort durch die Herstellung des Fasergewandes verbunden. Die Windungen dieser Fasern stellen die Bewegungsweise und den Weg des Wassers dar. Dieser Weg ist die Wellenbewegung. So wird das Zusammenwirken von Lebenskraft und Wort durch eine sich unaufhörlich wiederholende Bewegung verkörpert: durch den Rhythmus.

Die Lebenskraft, die Kraft des Wortes und der Rhythmus sind eine untrennbare Einheit. Diese ist die Grundlage des Denkens und der Lebensweise im schwarzen Afrika. In dieser Einheit sind die Voraussetzungen für den vollkommenen Ausdruck geschaffen. Dieses Zusammenwirken liegt allen Bereichen der afrikanischen Kunst zugrunde, seien es die Vorgaben für das traditionelle Kunsthandwerk oder die Werke der modernen Kunst und Literatur in heutiger Zeit.

Dieses Zusammenwirken gestaltet auch den afrikanischen Tanz. Die Erde spielt dabei eine wichtige Rolle. Sie steht stellvertretend für die Lebenskraft. Durch das Wasser wurde die Erde befruchtet, und das Wasser bewirkt bis heute die Fruchtbarkeit der Erde.

Dieses Zusammenwirken der Kraft der lebenspendenden "Mutter" Erde, der Kraft des Wortes und der Kraft des Rhythmus vollzieht sich ganz besonders auch im Tanz. Der Tänzer nimmt die Energie der Erde in sich auf und erlebt den

Sinn des Wortes in seinem rhythmischen Puls. Dieser Gefühlszustand nimmt in der Bewegung seinen freien Lauf.

Dieses Erlebnis ist der Tanz.

Der große Meister Ogotemmeli hat uns ein komplexes System offenbart. Es führt uns immer wieder auf eine der drei Kräfte oder auf deren miteinander verknüpftes Wirken. Afrikanisches Denken und Empfinden wird dadurch nachvollziehbar. In diesem System nimmt der Tanz einen wichtigen Platz ein, und innerhalb dieses Systems dreier Kräfte erhielt der afrikanische Tanz seine Gestalt. Es sind dies die Erde, das Wort und der Rhythmus.

Die Erde

„Ohne Nommo hätte die Erde gar nicht geschaffen werden können, denn die Erde wurde geknetet, und durch das Wasser, durch das Nommo, hat sie Leben erhalten.“

Die Erde hat für jeden Menschen, ungeachtet des Erdteils, in dem er lebt, oder der Kultur, in der er aufgewachsen ist, eine grundlegende Funktion: Vom Wasser "befruchtet" ernährt sie den Menschen. Die Erde besitzt eine unerschöpfliche Kraft und gibt diese in wiederkehrendem Rhythmus frei, sie produziert Leben.

Im Sproß eines Getreidekornes und in den Blättern eines Baumes lebt diese Kraft. Besonders die riesigen Affenbrotbäume im Sahel, die Baobab, von denen man sagt, sie sähen so aus, als habe man sie mit der Krone, die Wurzeln nach oben, in den Boden gesteckt, verdeutlichen in ihrer Mächtigkeit diese Kraft. Oft blattlos und trotzdem lebendig, beherrschen sie die vegetationsarme Landschaft, und es erscheint fast als mysteriös, wie sie aus dem Boden diese Kraft nehmen. Ich glaubte diese Kraft zu fühlen, wenn ich mich unter einem Baobab aufhielt. In einem senegalesischen Dorf erzählte mir ein Dorfbewohner, der Baobab, der ihren Dorfplatz beherrscht, sei heilig, weil er seine Blätter nie verliert.

Die Lebendigkeit der Erde zeigt uns der Erdboden auch in seiner vielfältigen Gestalt. Und er bietet seine bloße Oberfläche, seine Beschaffenheit den nackten Füßen der Menschen an, zum Gehen, zum Tanzen. Die Erde ist hart oder weich, mit Wurzeln oder Dornen durchsetzt, anschmiegsam und nachgiebig, steinig und hart, staubig und trocken oder feucht, heiß in der Mittagshitze, kühl im Schatten und am Abend warm durch die gespeicherte Sonnenglut des Tages.

So inspiriert und gestaltet die Beschaffenheit der Erde die Bewegung beim Gehen, beim Arbeiten, bei allen Verrichtungen eines Menschen, dessen Lebensweise noch stark mit den Kräften der Natur verbunden ist und dessen Existenz unmittelbar von diesen Kräften abhängt. Der Mensch empfindet sich als einen Teil der gewaltigen Natur und deren Abläufe. Er bewegt und verändert sich in ihr.

„Ein Sinnesspruch der Bambara, einem Volksstamm im Sahel, besagt, daß der Mensch der Samen des Universums ist. Diese Metapher ist ebenso bezeichnend wie bedeutungsvoll. Sie stellt das Menschengeschlecht in eine Verbindung zu den anderen Arten, zu der Gesamtheit der Lebewesen, und sie führt jede geistige wie materielle Entwicklung auf einen geduldigen Prozeß des Keimens zurück, einen Prozeß, der allen Agrarvölkern vertraut ist."

Als kleinem Teil in diesem großen Getriebe ist es ihm jedoch notwendig, immer wieder den eigenen Platz, den persönlichen Weg zu erkennen, und sich zu behaupten. Dies beginnt mit dem Bewußtsein für den eigenen Körper.

Ein gutes Körperbewußtsein kann mit Hilfe verschiedenster Methoden geistiger und körperlicher Art auch noch von Erwachsenen entwickelt werden. In der afrikanischen Kultur wird eine Voraussetzung für ein gutes Körpergefühl schon beim Säugling durch einen nahezu ständigen Körperkontakt mit der Mutter und den Geschwistern geschaffen. Darüberhinaus haben die Kinder von klein auf die Möglichkeit, sich selbständig und frei zu bewegen, wobei auch Mütter und Tanten nicht selten als lebende Turngeräte dienen. Hinzu kommt, daß das Leben in der Großfamilie mehr Durchsetzungsvermögen erfordert und, daß schon kleine Kinder durch großartige Gesten leichter Beachtung finden.

Auf Grund seines von Kindesbeinen an entwickelten Körperbewußtseins begegnet der afrikanische Mensch dem Erdboden und seiner natürlichen Umgebung mit großer körperlicher Gelöstheit. Dieser Einklang mit einer oft sehr unwirtlichen Natur verlangt ein hohes Maß an körperlicher Anpassungsfähigkeit. Die angesprochene Gelöstheit rührt von einem ständigen rhythmischen Wechsel von Spannung und Entspannung her. Elastizität, Flexibilität und eine wache körperliche Aufmerksamkeit und nicht zuletzt ausgewogene Muskelkraft sind notwendig, wenn es gilt, sich der wechselnden Beschaffenheit des Bodens und den unterschiedlichen und harten Arbeitsbedingungen anzupassen.

Achtung vor der lebenspendenden Erde, Anpassung an die natürliche Umgebung, Ergebenheit in die Kräfte der Natur und ein ausgeprägtes Körperbewußtsein sind die entscheidenden Momente der anmutigen Gelöstheit und Offenheit in den Bewegungen des Afrikaners.

Alltägliche Bewegungen sind es, Bewegungen und Geschehnisse aus dem afrikanischen Leben in der Dorfgemeinschaft, die im traditionellen Tanz dargestellt und erlebt werden: Arbeitsvorgänge wie Wassertragen und Maisstampfen, Begebenheiten bei der Jagd, Tierdarstellungen, kriegerische Aktionen, geschichtliche Begebenheiten und mythologische Überlieferungen werden im Tanz dargestellt und so an die nächste Generation weitergegeben. Ernte, Initiationsriten, Hochzeit, Geburt und Beerdigung sind Anlaß zum Tanz, und schließlich die vielschichtigen Äußerungen von Gebet, Bitte und Opfer an die Götter und die Beschwörung und Beschwichtigung der Ahnen.

Die grundlegenden Bewegungen des traditonellen Tanzes entspringen also vornehmlich dem täglichen Leben. Es sind sogenannte ergonomische Bewegungen, die mit möglichst geringem Kraftverlust ausgeführt werden. Ihr Akzent im Bewegungsablauf und im Rhythmus bezieht sich immer auf den Erdboden. Dies trifft genau auch auf viele Tanzbewegungen der hier beschriebenen Tänze von Cheikh zu. Das ständige Zurückkehren zum Erdboden ist besonders in den Tänzen der Sahelzone bzw. der vom Ackerbau lebenden Bevölkerung Westafrikas zu erkennen. Alles dreht sich um die Kraft der Erde, und im Tanz stellt sich ein ständiges Wechselspiel von Energie-geben und Energie-nehmen dar. Für die Bevölkerung der Gebiete des tropischen Waldes dagegen nimmt der Wald die Ernährerfunktion ein. Dies wirkt sich auch auf ihren Tanzstil aus und unterscheidet ihn in manchen Bereichen vom Tanzstil der Ackerbauern. Der unverkennbare Bezug zum Erdboden bleibt jedoch erhalten, wird zum Teil nur, wie auch im Kapitel "Regionale Unterschiede" deutlich wird, in anderen Tanzformen zum Ausdruck gebracht.

Ein weiterer Faktor, der die Erdbezogenheit des afrikanischen Tänzers verdeutlicht und nachvollziehbar macht, ist das Tanzen im Freien. Europäische bzw. westliche Tänzer tanzen in der Regel auf einem nahezu immer gleichen, oft glatten und auf jeden Fall hundertprozentig waagerechten Hallenboden.

Gehen wir vom Boden weiter zum gesamten Raum. Der Raum, in dem wir zu tanzen gewohnt sind, ist meist verhältnismäßig groß und durch Wände und eine Decke begrenzt. Er bietet unzählige Orientierungshilfen, wie Ecken, Türen, Fenster, Lampen usw. Sie erleichtern es, den Raum zu beschreiben, in rechts und links, in vorne und hinten. Die Ecken bilden Anhaltspunkte für diagonale Bewegungen oder diagonale Tanzwege. Schließlich dienen sie oft als optische Hilfe bei Drehungen. Sie sind für westliche Tanzstile wichtige unterstützende Elemente, vor allem, wenn es um Wege im Raum, um Formationen und Choreographien geht.

Die Begrenzung des Raumes durch Wände bringt aber auch Nachteile mit sich. Der Tanzschüler kann sich, je nach Position im Raum, sehr eingeengt fühlen. Es ist schwieriger, schnelle, dynamische Bewegungen durch den Raum zu tanzen, wenn sie schon während der Ausführung optisch durch eine Wand abgeblockt werden. Tänzerinnen und Tänzer müssen lernen, diese optische Einengung zu ignorieren. Und schließlich sollte nicht vergessen werden, daß bei uns alle Kreationen im Bereich Bewegung und Tanz, vom klassischen Ballett bis hin zum Tanztheater, für einen begrenzten und speziell dafür gestalteten Raum, nämlich für die Bühne und einen vom Bühnengeschehen ausgegrenzten Zuschauer geschaffen wurden.

Afrikaner dagegen tanzen auf einem lebendigen, ständig wechselnden, unebenen Untergrund, dem Erdboden. Dies kann die festgetretene Erde des Dorfplatzes sein, eine Waldlichtung oder ein Feld, tiefer Sand oder der abgefahrene Teerbelag einer Straße. Was den Bezug auf den Raum anbelangt, so kennt der traditionelle afrikanische Tänzer keinen begrenzten Raum. Bei traditionellen Festen, bei Volks- oder Familienfesten bewegen sich die Tänzer und Tänzerinnen in einer aus Festgästen und Musikern gebildeten Runde, einer Kulisse also, die sich ständig verändert und zudem voll ins Tanzgeschehen hineinspielt. Die Festgesellschaft kann sich an den unterschiedlichsten Plätzen zusammenfinden, an denen z. B. Hütten oder riesige Bäume das Geschehen umrahmen.

Diese Kulisse wird verschwindend klein und unwesentlich bei einem Blick nach oben in den endlosen nächtlichen Sternenhimmel oder ins unergründliche Blau eines Schönwetterhimmels. Hier fehlt jegliche uns gewohnte Orientierungsmöglichkeit.

Einen Menschen aus der Stadt, der sich ständig in konkreten Begrenzungen bewegt, fasziniert diese großartige Weite und Freiheit. Europäische Tänzer sind bestrebt, mit ihrer Bewegung den Raum auszufüllen. Unter freiem Himmel ist dies nicht mehr möglich. Sie fühlen sich auf einmal sehr klein, unwesentlich und hilflos. Es wird deutlich spürbar, daß hier andersartige Energien notwendig sind, den tänzerischen Ausdruck zu gestalten.

Das Erspüren dieser Energien kann für einen afrikanischen Menschen, der im ländlichen Raum, in einem Dorf, aufgewachsen ist, und dessen Tagesablauf und Existenz von der Natur und ihren Kräften und Auswirkungen geprägt ist, selbstverständlich sein. In der Auseinandersetzung mit der Natur, durch die eigene Erfahrung, können diese Energien mit der Zeit aber auch von jedem anderen Menschen erlebt werden.

Die senegalesische Tänzerin Germaine Acogny, die eine städtische und europäisch orientierte Erziehung genossen hat, berichtet: „Ich arbeite mit den Namen der Bäume, der Sterne, mit einem kosmischen Bewußtsein. Ich arbeite niemals mit dem Gedächtnis. Ich sage, daß die Menschen ihr eigenes Gedächtnis sind. Dieses kosmische Bewußtsein entstand in der Auseinandersetzung mit der Natur... Ich schrie zwischen den Bäumen und spürte die Energie der Bäume, der Sonne, des Windes, des Feuers... Ich spürte alle kosmischen Ereignisse in meinem Körper. Ich spürte alle die Energien. In diesem Wald habe ich mich in meinem Körper befreit... Der afrikanische Tanz entsteht aus dem Ritus, aus dem Erkennen der Energien."

So gibt es für jeden einen Weg, jene Energien zu spüren, zu erkennen und davon zu profitieren. Die beste Möglichkeit dafür bietet das Tanzen unter freiem

Himmel, was für Afrikaner selbstverständlich, für Europäer ein vollkommen neues Erlebnis ist. Gerade deshalb bietet Cheikh in seinen Ferienkursen die Möglichkeit, den Tanzunterricht in Senegal am Strand zu erleben. Der sandige Untergrund bringt zunächst die größten Schwierigkeiten mit sich. Das Gleichgewicht zu halten, wird bei dem nachgiebigen und unebenen Sand zum Problem, die Füße scheinen zu klein dafür zu sein. Die einzige Orientierungsmöglichkeit ist die Trennungslinie am Horizont zwischen den Farben blau und sandfarben. Der Wind vom Atlantik zerrt an Haaren und Kleidung. Die Tänzerinnen und Tänzer sind inmitten von Erde, Wasser und Luft. Beim Springen und Drehen und bei schnellen Auf- und Abbewegungen wird es einigen schwindlig. Es wird klar, daß unter solchen Umständen die spezielle Grundtechnik des afrikanischen Tanzes unabdingbar ist.

Der Tänzer sucht einen Halt. Diesen Halt findet er in der Verbindung mit dem Erdboden. Durch die Orientierung zur Erde, die ein Energieabgeben und Energieaufnehmen bedeutet, findet er seine Körpermitte, den ruhenden Pol, Stabilität und die Sicherheit für sich selbst und in bezug auf seine Umgebung. Ist dieser Zustand erreicht, kann er die Arme in den endlos blauen Himmel schleudern, hoch in die Luft springen und sicher wieder aufkommen und getrost ein bißchen mit dem Wind fliegen. Nur die Erdbezogenheit, die von der Körpermitte ausgeht, verleiht dieses sichere Gefühl. Und erst Sicherheit und Stabilität eröffnen die Möglichkeit zu explosiven tänzerischen Gefühlsäußerungen. Die Umgebung tritt in den Hintergrund, die Orientierung geht nach innen und von dort wieder über die Bewegungen der Wirbelsäule zum Erdboden und schließlich über die Gliedmaßen in alle Richtungen.

In ähnlicher Weise erläutert dies Koffi Koko, Tänzer und Choreograph aus Benin, Westafrika: „Um hoch in die Luft zu fliegen, muß man zuvor tief in den Boden gehen... Der Körper nährt sich von der Energie, die er vom Boden durch die Füße aufnimmt. In unserer mythischen Vorstellung ist der Mensch zwischen Himmel und Erde eingespannt. Er leitet den Energiekreislauf durch seinen Körper. Der Bezug zum Boden und die Stellung der Füße sind daher wichtig."

Indem der arbeitende Mensch, die wassertragende Frau oder der Tänzer sich in seinen Bewegungen der Erde hingibt, sie beachtet und sie achtet, spürt er die Kraft der Erde in sich aufsteigen. Diese Kraft ist schwer zu beschreiben. Wer an einem afrikanischen Tanzfest teilnimmt, kann die funkensprühende Energie und die hautnahe Präsenz der Tänzerinnen und Tänzer am eigenen Leib erleben. Diese Kraft ist spürbar für jeden Menschen, der sich ihr öffnet.

Der innige Kontakt und jene besondere Art der Begegnung mit der Erde ist für uns naturferne Menschen der westlichen Welt schwer nachvollziehbar geworden. Die fortschreitende Technisierung schnitt uns von den Kräften der Natur ab. In seinem Roman *Der Zwiespalt des Samba Diallo* beschreibt Cheikh H. Kane die Eindrücke eines Mannes aus Senegal, der zum ersten Mal sein Land verläßt und nach Paris kommt: „Der Asphalt... Mein Blick strich über dessen ganze Ausdehnung und sah keine Grenze, wo der Stein zu Ende war. Dort das Eis des Feldspats, hier das helle Grau des Steins, das matte Schwarz des Asphalts. Nirgends das zarte Weich der nackten Erde. Auf dem harten Asphalt suchten meine gemarterten Ohren, meine gierigen Augen vergeblich den sanften Klang eines nackten Fußes. Es gab ringsum keinen einzigen Fuß. Auf dem harten Panzer nur das Klirren von tausend harten Muscheln. Hatte der Mensch keine Füße aus Fleisch mehr? Eine Frau ging vorbei, deren rosa Waden sich grausam zu zwei schwarzen Spitzen verengten, die über den Asphalt klapperten. Seit man mich ausgeschifft hatte, war mir kein einziger Fuß zu Gesicht gekommen."

Durch Schuhe, Beton und Asphalt bleibt uns der körperliche Kontakt mit dem Erdboden verwehrt. Unsere alltäglichen Bewegungen erstarren zu einem gleichbleibenden Schema. Wir beherrschen es genau, die Höhe unseres Schuhabsatzes einzuschätzen. Wir wissen genau, was unseren Fuß erwartet, wenn wir auf asphaltierter Straße gehen oder in Hausschuhen über den Teppichboden schlurfen. Flexibilität, Elastizität und Anpassung sind den Bewegungen unseres Körpers im täglichen Leben verlorengegangen. Sie scheinen existenziell nicht mehr notwendig zu sein.

Um so mehr streben wir danach, uns diese verlorenen Fähigkeiten in der Freizeit durch verschiedene sportliche Betätigungen teilweise wieder anzueignen. Interesse und das Bewußtsein um den eigenen Körper nehmen wieder zu. Unsicher oder neugierig begeben wir uns vielleicht in ein fremdes Territorium, den traditionellen afrikanischen Tanz. Der Tanz wird zur Suche nach dem eigenen Körper und zur einfachen und verbindenden Sprache zwischen unterschiedlichen Kulturen.

Und kommt ein Tanzschüler beim Üben ins Zaudern und Zagen, so baut Cheikh ihn wieder auf. Er erklärt dann ganz einfach, daß heutzutage auch nicht jeder Afrikaner das Tanzen im Blut hat, und daß ein Afrikaner, der den ganzen Tag am Schreibtisch sitzt, das Tanzen genauso mühsam lernen muß wie wir.

Das Wort

„Das Wort ist für alle in dieser Welt. Man muß es austauschen. Es muß kommen und gehen. Denn es ist gut, die Lebenskräfte zu geben und zu empfangen."

„Mit dem Lendenschurz bekleidet, hatte sich der Schakal auf die Terrasse seines Vaters begeben, den er tot glaubte. Der Vater des Schakals war Gott, und da Gott vorübergehend einschlief, glaubte sein Sohn, der auch sein Nebenbuhler war, daß er tot sei. Das Tier war auf die Terrasse seines Vaters gestiegen, um ihn zu beweinen, und zeichnete so eine der wesentlichsten Handlungen der Bestattungsriten vor, welche Menschen später als Ritus einsetzen sollten.

Bekleidet mit den Fasern, die er seiner Mutter abgenommen hatte, tanzte der Schakal. Indem er tanzte, sprach er, denn die Fasern waren angefüllt mit der Feuchtigkeit des Wortes. Sie enthielten das erste Wort, das das Nommo der Erde enthüllt hatte. Dieses Wasser und dieses Wort ließen das Tier sprechen.

Der Sohn Gottes sprach seinen Tanz, seine Schritte hinterließen im Staub der Terrasse Spuren, die den Sinn seines Wortes bezeichneten.

Er sprach das erste Wort und entschleierte die Zukunft der Welt. Im Zorn enthüllte er die Geheimnisse Gottes.

So war also der erste bezeugte Tanz ein Wahrsage-Tanz gewesen. Er hatte die Geheimnisse des Wortes in den Staub projiziert, das in den vom Tänzer getragenen Fasern enthalten war."

Die Geschichte vom Tanz des Schakals ist eine Fortsetzung aus jener mythologischen Überlieferung, die im Kapitel "Der Anfang" zitiert wurde. Dort haben wir erfahren, wie der Schakal gezeugt wurde. Auch über die Entstehung des Faserkleides wurde berichtet und wie es dazu kam, daß es die Worte des Nommo enthält. Warum der Schakal seiner Mutter Erde das Fasergewand wegnahm, hat einen besonderen Grund, der mit dem Thema Tanz nicht in Berührung steht und uns hier nicht weiter zu bekümmern braucht.

Der Schakal hat also mit seinem Tanz eine Geschichte erzählt und so einen Inhalt wiedergegeben. Im Überschwang der Gefühle hat er die Worte Gottes, das Geheimnis Gottes, preisgegeben. Zudem hat er den Tanz durch Fußspuren „in den Staub projiziert“ und so dessen Choreographie festgehalten. Der erste Tanz wurde von einem göttlichen Wesen ausgeführt, er war ein Wahrsage-Tanz, also eine Art "Erzähl"-Tanz. Er war gleichzeitig ein Totentanz, und somit wurde der Tanz als rituelle Handlung hiermit ebenfalls begründet. Das heißt: Der erste Tanz, sozusagen der Urtanz, war in der Mythologie der Dogon also ein Tanz, der einen Inhalt vermittelt, welcher durch das Wort gestaltet ist.

Das Wort spielt im afrikanischen Denken, in der afrikanischen Kunst und in allen Lebensbereichen eine wichtige Rolle. Das Wort gibt dem Tanz seine Gestalt. Tanz und Wort bilden eine unauflösbare Einheit.

Bei uns, in der westlichen Kultur, scheint es so weit gekommen zu sein, daß alles Wichtige erst durch das Niederschreiben und Vervielfältigen die Bestätigung seiner Wichtigkeit bekommt. Erst dadurch ist es wirklich wichtig geworden.

In Afrika gibt es bis heute viele Dialekte, die nur gesprochene Sprache sind und von denen keine Schriftform existiert. So das Wolof, das vom gleichnamigen Volksstamm der Wolof, der einen großen Bevölkerungsanteil in Senegal ausmacht, gesprochen wird. Seit kurzem bemüht sich die senegalesische Regierung, für das Wolof eine Schreibweise festzulegen, damit die Kinder in den Schulen in ihrer Muttersprache unterrichtet werden können.

Sämtliche Überlieferungen aus der Geschichte, der Kunst und Musik, die Märchen und Volksweisheiten, moralische und soziale Richtlinien, Lieder, Rhythmen und Tänze werden von den *Grioten* verbreitet.

Die Grioten stammen aus Familien, in denen schon seit vielenGenerationen der Vater sein Wissen an die Söhne weitergibt. Die Kinder, die in einer solchen Familientradition aufwachsen, übernehmen während ihrer ganzen Kindheit und Jugend das Kulturgut ihres Volkes von ihren Eltern. In den Erläuterungen zu einem Gedichtband von Léopold Sédar Senghor wird die Bezeichnung *Dyali,* was soviel bedeutet wie Griote, mit „Troubadour des schwarzen Afrika, Sänger und Dichter“ übersetzt. Daraus wird ersichtlich, daß der Griot nicht nur Übermittler seines Kulturgutes ist, sondern daß seine künstlerische Begabung in einem ganz persönlichen Stil zum Ausdruck kommt und er seine Vorträge auch mit eigenen Liedern und Gedichten ausschmückt.

Daß die Grioten, außer ihrer Aufgabe zu informieren und zu unterhalten, noch eine umfassende und wichtige Funktion hatten, beschreibt Amadou Hampaté Ba:

„Die mündliche Überlieferung ist die große Schule des Lebens, das sie in allen seinen Gesichtspunkten erfaßt. Demjenigen, der nicht in ihr Geheimnis eindringt, dem Rationalisten, der gewohnt ist, alles in klar abgegrenzte Kategorien aufzuteilen, mag sie als Chaos erscheinen, denn eine Trennung in Geistiges und Körperliches ist ihr fremd. Die mündliche Überlieferung bleibt stets menschennah, spricht zu jedem in der ihm zugänglichen Form und offenbart sich entsprechend den Fähigkeiten des Lernenden. Sie ist zugleich Religion, Erkenntnis, Naturkunde, Einführung in ein Handwerk, Geschichte, Unterhaltung und Zeitvertreib, wobei sich jede ihrer Einzeläußerungen jederzeit bis zur uranfänglichen Einheit zurückverfolgen läßt. Da sie auf Initiation und persönlichem Erleben gründet, erfaßt sie den ganzen Menschen, deshalb hat sie dazu beigetragen, einen besonderen Menschentypus zu schaffen, die afrikanische Seele zu formen."

Auf Grund ihres Wissens hatten die Grioten einflußreiche Positionen inne. Sie dienten, wie im Abendland die Troubadoure und Barden, Königen und Fürsten als Berater, und aufgrund ihrer Redefertigkeit traten sie als Sprecher ihres Herrschers auf.

Die Macht des gesprochenen Wortes wird deutlich in der Rede eines Grioten an seinen König am Tage vor einer bedeutenden Schlacht:

„...König von Mandén! Rächer der Könige, die von Sumaoro unterworfen wurden. Du bist die Handlung, und ich, dein Griote, ich bin das Wort! Du mußt den entscheidenden Augenblick in der Geschichte von Mandén verkörpern! Heute unterdrückt der mächtige König Sumaoro die Savanne; die Könige zittern, wenn sie seinen Namen hören! Soll Sumaoro uns ewig beherrschen? Muß ich, der Griote von Mandén, den nächsten Generationen von unserer Erniedrigung berichten? Das glaube ich nicht, denn du hast die Ehre gewählt, du stellst dich dem Gewitter entgegen, du bist der Sturm, vor dem das Gewitter abzieht!"

In dieser Rede wird deutlich, welch einflußreiche Position der Griote innehatte und wie er es verstand, seinen Worten Macht zu verleihen. Dies ist aber nicht nur eine Frage des sprachlichen Ausdrucks und der Wahl der Worte, sondern diese Macht liegt in den Worten selbst.

Im afrikanischen Denken wird dem gesprochenen Wort eine besondere Kraft zugewiesen. Es nimmt Gestalt an in Form, Bewegung und Bild. Auch die Kraft der Beschwörung und des Zaubers liegt im Wort. Im Kapitel "Der Anfang" wurde vom alten Jäger Ogotemmeli berichtet, der uns die Mythen der Dogon enthüllte. Hier gab das Nommo der Erde das Wort, indem es sie in die Pflanzenfasern des ersten Gewandes einflocht. Die Pflanzenfasern hatten Windungen, die den Weg des Wassers darstellten. So erschien das Wort mit Hilfe des Wassers, dem die Lebenskraft innewohnt, auf der Erde. Wort und Lebenskraft sind eins.

Im Wort und der darin enthaltenen Kraft können Dinge Gestalt annehmen. Sie bekommen eine Wirkung oder einen bestimmten Ausdruck. Sie werden lebendig.

Im Mythos der Dogon heißt es, daß das gute Wort durch das Ohr in den Körper der Frau eindringt und sie fruchtbar macht. Durch das gute Wort ist sie vorbereitet auf Empfängnis und Geburt.

Es ist wichtig, Dinge und Menschen der Umgebung mit Worten zu beschenken. Es ist wichtig, die Dinge und Menschen zu benennen, ihnen also einen Namen zu geben. Durch das Namengeben bekommen sie eine Gestalt und einen bestimmten Gehalt.

„Es gibt nichts, was es nicht gibt; wofür wir einen Namen haben, das gibt es," lautet die Weisheit alter Yoruba-Priester, schreibt J. Jahn, und dazu bemerkt er: „Der Spruch besagt, daß die Nennung, das Aussprechen, das Genannte erzeugt." Und er fügt weiter hinzu: „Wäre das Wort nicht, würden die Kräfte erstarren, wäre kein Zeugen, kein Handeln, kein Leben."

Dieses Namengeben ist mir selbst immer wieder begegnet. Auf Grund einer besonderen Begebenheit oder einer Charaktereigenschaft habe ich von Afrikanern schon einige Namen bekommen. Und mir wird für immer in Erinnerung bleiben, von wem und warum ich den bestimmten Namen erhielt. Dazu möchte ich noch eine kleine Geschichte erzählen:

Ich betrat den Hof einer kleinen Pension und sah dort eine Voliere mit vielen bunten Vögeln. Näherkommend bemerkte ich einen jungen Mann – wie ich später erfuhr, der Sohn des Hauses – der mich beobachtete. Mit Freude stellte ich fest, daß in dem Käfig viele Alexandersittiche hin und her flatterten. Und ich erinnerte mich an meinen kleinen Sohn, der Alexander heißt und sich deshalb schon lange einen oder besser mehrere Alexandersittiche wünscht. Mitten in Afrika und weit entfernt von meinem Sohn, bekam ich also beim Anblick der Alexandersittiche Heimweh nach meinem Kind, und ich erzählte dem jungen Mann von meinem Sohn Alexander und seinem besonderen Wunsch. Von diesem ersten Gespräch an nannte mich der junge Mann „Mère d`Alexandre". Erst viel später fragte er mich nach meinem richtigen Namen.

Das Namengeben stellt einen ganz persönlichen Bezug her, es setzt eine Auseinandersetzung mit einer Person und einer Situation voraus, Energie wird verwendet und gespendet. Einen Namen zu bekommen, macht glücklich. Daß das gesprochene Wort immer in Zusammenhang mit der Person steht, für die es bestimmt ist, daß das gesprochene Wort nur für diese Person seine vollkommene Bedeutung haben kann, das habe ich zu Beginn in der Einleitung schon erwähnt.

Eine gesteigerte Form des Namengebens, ein konzentriertes Anwenden von Worten, ist die Beschwörung. Durch eine Beschwörung soll etwas Gestalt annehmen oder sich verändern. Eine Beschwörung soll also Kraft hervorrufen, die etwas in Bewegung setzt, oder diese Kraft auf einen Gegenstand übertragen.

Unter dem Titel „Nommo leitet die Dinge" schreibt Janheinz Jahn folgendes: „Camara Laye schildert in seinem Roman *Einer aus Kurussa*, wie sein Vater einen goldenen Schmuck herstellt. Zwar ist, während das Gold aufzischt und die Blasebälge keuchen, der Goldschmied stumm, doch betont der Autor: »Wenn aber mein Vater keine Worte laut werden ließ, so weiß ich doch wohl, daß er sie in seinem Inneren dachte. Ich las es von seinen Lippen, die sich bewegten, während er sich über das Gefäß beugte. Er vermengte Gold und Kohle mit einem Holzstab, der indessen alsbald aufflammte und andauernd ersetzt werden mußte. Was waren das wohl für Worte, die mein Vater lautlos formte? Ich weiß es nicht – ich weiß es wenigstens nicht genau. Nie wurde mir etwas darüber anvertraut. Aber was konnten diese Worte anderes sein als Beschwörungen.« Doch die Beschwörungen des Goldschmiedes reichen nicht aus, um das Wunder der Verwandlung des Goldes in Flüssiges und wieder Festes zustandezubringen. Deshalb ist der Zauberer dabei. »Während der ganzen Verwandlung war sein Vortrag immer beschwingter, seine Rhythmen immer drängender geworden, und in dem Maße, als das Schmuckstück Form annahm, hatten seine Lobpreisungen und Schmeicheleien an Heftigkeit zugenommen und die Fähigkeiten meines Vaters bis in alle Wolken erhoben. In Wahrheit hatte der Zauberer auf eine eigenartige, fast möchte ich sagen unmittelbare und wirksame Weise teil an der Arbeit. Auch er berauschte sich am Glück des Schaffens, und er verkündete laut seine Freude, er griff begeistert in die Saiten, er geriet in Feuer, als wäre er selbst der Handwerker, als wäre er selbst mein Vater, als entstünde das Schmuckstück unter seinen eigenen Händen.« Senghor kommentiert diese Szene des Romans:

»Das Gebet, vor allem das Gedicht, das der Vater von Camara Laye rezitiert, das Preislied, das der Zauberer-Künstler am Ende seiner Tätigkeit singt, all das zusammen – Gedicht, Gesang und Tanz – ist neben der handwerklichen Arbeit nötig, um das Werk zu vollenden, um es zum Meisterwerk werden zu lassen.«" Camara Laye, oder besser der Übersetzer des Romanes aus dem Französischen, R. Römer, verwendete das Wort Zauberer, und L. S. Senghor machte daraus Zauberer-Künstler. Da das Wort "Zauberer" in unseren Ohren sicher mißverständlich klingt, sollte angemerkt sein, daß es sich hier – dies ergibt sich aus der Beschreibung seiner Handlungen – höchstwahrscheinlich um einen Grioten handelt.

Beschwörungen solcher Art finden sich auch im geschriebenen Wort der afrikanischen Literatur wieder. So schreibt Césaire: „Der Kolibri soll kommen! Der Sperber soll kommen! Soll kommen der Bruch des Horizonts! Soll kommen der Hundskopfaffe! Soll kommen der Lotos, der Träger der Welt.“ Mit seinen Worten erschafft der Dichter alle diese Dinge direkt vor unserem geistigen Auge.

Das Bewußtsein der Bedeutung und Wichtigkeit des Wortes hat sich im afrikanischen Denken bis heute erhalten. Die Kraft des gesprochenen Wortes übertrug sich im Wandel der Zeit auf das geschriebene Wort. Und so schreibt Keneth Kaunda, Präsident der Republik Sambia in seinem Buch *Briefe an meine Kinder*: „Worte sind Macht. In allem, was ich bisher geschrieben habe, war ich mir bewußt, daß sowohl Religion als auch Erziehung mit Hilfe des gesprochenen oder geschriebenen Wortes vermittelt werden. Wie groß eine Wahrheit auch sein mag, sie ist nur machtvoll, wenn sie in Worte gefaßt wird.“

Die Kraft des Wortes ist auch in der afrikanischen Kunst wirksam. Wie schon erwähnt, betrachtet Léopold Sédar Senghor Gedicht, Lied und Gesang als einen unauflöslichen Komplex. Jeder der drei Kunstbereiche wirkt auf den anderen ein, und erst in ihrem Zusammenspiel entsteht ein ganzheitliches Meisterwerk. „Lyrik ist Gesang, wenn nicht gar Musik. Ich bestehe darauf, daß das Gedicht nur vollendet ist, wenn es Gesang wird: Wort und Musik zugleich... Die Dichtung muß wieder zu ihren Ursprüngen zurückkehren, zu den Zeiten, in denen sie gesungen und getanzt wurde, wie noch heute im schwarzen Afrika.“

Die Bewegungen des afrikanischen Tanzes werden durch Worte erzeugt. Keine Bewegung ist reiner Selbstzweck. Jede Bewegung stellt etwas dar. Etwas, das durch Worte bezeichnet wird. Es sind Worte, die den Ursprung der Bewegung erzeugen, die der Bewegung ihren Inhalt und ihren Ausdruck geben. Durch das Wort entsteht eine Vorstellung, und diese Vorstellung wird in Bewegung umgesetzt. Cheikh sagte einmal: „Die Musik geht direkt zum Herzen und tritt durch den Körper wieder hinaus.“ Dasselbe trifft im afrikanischen Tanz auch auf das Wort zu.

Neben der technischen Unterweisung besteht immer auch der Anspruch, den geistigen Inhalt zu übermitteln bzw. im Tanz selbst erlebbar werden zu lassen. Als Beispiel dafür habe ich die Tänze der Orischas ausgewählt. Sie werden von den Yoruba zelebriert, die in den küstennahen Gebieten von Nigeria und Benin leben. Durch die Verschleppung der Sklaven aus diesen Gebieten nach Kuba leben die Tänze und Verehrungen der Orischas in Kuba weiter. Sie werden dort in veränderter Form abgehalten und Santeria genannt. Die Orischas sind Götter, die auf die Urahnen der Yoruba zurückzuführen sind. *Legba* symbolisiert die Unordnung, er wird bezeichnet als "Herr der Wege", weil er die Pforten zum

Guten wie zum Bösen öffnet. *Ogun* besitzt als Symbol das Eisen, er ist der Herr der Schmiede und des Krieges. *Yemayà* ist die Göttin der Fruchtbarkeit und der Mütterlichkeit. Sie wird auch symbolisch verkörpert durch das Meer und die Meereswoge.

Bei Festlichkeiten werden die Orischas mit Tanz, Gesang und Trommel verehrt. In einer bestimmten Reihenfolge werden sie von Chor und Orchester gerufen, jeweils mit dem ihnen gemäßen Rhythmus. Jeder einzelne Orischa wird durch bestimmte Gesten, Tanzschritte, Kleidung, Symbole und die mythologische Dichtung der Gesänge charakteristisch dargestellt. „Und dabei dürfen wir nicht vergessen, daß all diese Tänzer "besessen" tanzen und dabei präzise ihren Orischa verkörpern, so wie es die Tradition vorschreibt. Doch sind die Schritte dabei nicht im einzelnen festgelegt. Denn die Kontrolle des (tanzenden) Priesters bezieht sich nicht auf die Bewegung der Füße, sondern darauf, daß in der Bewegung das Geistige auf die rechte Weise verkörpert wird." Auf Grund dieser Beschreibung könnte es den Anschein erwecken, daß die Priester und die besessen Tanzenden sich ihren ganz spontanen Äußerungen der Bewegung hingeben. Dies ist jedoch nicht der Fall. Die Tänzer sind ausschließlich Initiierte und haben während ihrer Einweihung, der Initiation, sämtliche Schrittfolgen und Bewegungen gelernt, welche die einzelnen Orischas symbolisieren.

Dieses typisch afrikanische Prinzip, das für die gesamte schwarzafrikanische Kunst bezeichnend ist, liegt den Choreographien von Cheikh ebenfalls zugrunde. Dies ist besser zu verstehen, wenn man einmal die Struktur und den Aufbau seiner Choreographien ins Auge faßt. Cheikh bezeichnet seine Choreographien mit *Arbeitstanz*, *Vogeltanz*, *Sklaventanz*, *Erntedank-Tanz* usw., deshalb möchte ich ab jetzt anstelle des Begriffs der Choreographie lieber das schlichte Wort "Tanz" verwenden.

Schon die Namen der Tänze geben ein klares Bild vom Inhalt oder Anlaß des Tanzes. Jeder Tanz ist in einzelne Bewegungen unterteilt. Die Anzahl der Bewegungen ist bei jedem Tanz unterschiedlich. Jede Bewegung ist ein in sich abgeschlossener Bewegungsablauf. Er kann beispielsweise aus einer einfachen Beinbewegung, kombiniert mit einer Armbewegung, bestehen oder aber ein komplizierter Ablauf über 16 Zeiten oder Takte sein.

Jede Bewegung kann beliebig oft wiederholt werden. Die nächste Bewegung folgt ihr direkt, meist ohne einen besonderen Übergang. Für viele dieser Bewegungen hat Cheikh einen Namen. Diese Namen sind entweder aus der Überlieferung mit den Bewegungen verbunden, oder Cheikh hat die Bewegungen selbst benannt. Diese Namen bezeichnen die Situation oder das Gefühl, das die jeweilige Bewegung darstellen soll.

So beginnt zum Beispiel der *Tanz der Armen* mit folgenden Bewegungen „Ich bin da – ich bin arm“, „Mein Topf ist leer“, „Gib mir was – danke schön“ usw. Nicht nur der Name selbst ist wichtig, sondern auch die Reihenfolge der Bewegungen. In seinen Tänzen läßt Cheikh durch die aufeinanderfolgenden Bewegungen eine Geschichte erzählen. Nach diesem Prinzip ist auch der *Arbeitstanz* aufgebaut.

Etwas anders verhält es sich beim *Vogeltanz.* Die Bezeichnung für einen ganzen Tanz kann auch sinngebend für sämtliche darin vorkommenden Bewegungen sein. So enthält der *Vogeltanz* lauter Bewegungen, die einen Vogel bei den unterschiedlichsten Aktivitäten darstellen, wie z. B.: das Gefieder ausschütteln, scharren, schreiten, die verschiedenen typischen Flügelbewegungen. Drei dieser Flügelbewegungen haben wir für den choreographischen Teil dieses Buches ausgewählt, da Cheikh diese drei Bewegungen speziell für Anfänger als eine Einheit unterrichtet.

Wie am Beispiel des *Tanzes der Armen* schon deutlich wurde, ist dieser Name keine technische Anleitung, sondern er beschreibt den zu vermittelnden Gehalt der Bewegung. Der auf diese Weise festgelegte Gehalt, oder besser gesagt, das Wesen der Bewegung, kann nun von jedem Tänzer auf ganz persönliche Art in der Bewegung zum Ausdruck gebracht werden. Der Ausdruck entsteht also nicht durch eine Befolgung detaillierter technischer Anweisungen, sondern durch ein Sich-Vertiefen in den Gehalt, in das Wort, in den Namen der Tanzbewegung.

In der gleichen sprachlichen Art arbeitet Cheikh auch in seinem Unterricht. Wenn er von seinen Schülerinnen und Schülern mehr Präsenz verlangt, wenn er sie auffordert, sich mehr zu öffnen, mehr auszustrahlen, dann spricht er im Rhythmus der Bewegung während des Tanzens: „Ich bin da – ich bin da – ich bin da.“

Dieses rhythmische Sprechen ist mehr als eine Erinnerung oder Aufforderung, es ist eine Unterstützung und Hilfe für die Schüler, sich in den geistigen Zustand zu versetzen, der dieser Bewegung entspricht. Dieses rhythmische Sprechen wirkt wie eine Beschwörung. Über das Wort gibt Cheikh den Schülern ein bestimmtes Gefühl ein, das zu dem gewünschten Ausdruck führt. Er könnte auch sagen: Kopf hoch – Blick geradeaus – Schultern runter – Brustkorb öffnen. Das Ergebnis wäre rein technisch, also auf die Körperhaltung bezogen, nahezu das Gleiche. Durch Cheikhs Vorgehensweise aber werden Technik und Ausdruck gleichermaßen gefördert. Außerdem habe ich bei vielen Schülern und auch bei mir selbst beobachtet, daß man nach einer ausschließlich technischen Anweisung wesentlich angespannter ist als beim Tanzen mit dem "Ich bin da-Gefühl".

„Jeder hat seinen eigenen Instinkt", sagt Cheikh. Er ermahnt damit besonders die Anfänger, nicht die individuellen Ausdrucksformen von fortgeschrittenen Tänzerinnen nachzuahmen, die durch ihre langjährige Tanzerfahrung schon ihren eigenen Stil gefunden haben. Der Schüler soll nur die Schrittfolge, den genauen Bewegungsablauf und den Akzent des Rhythmus genau nachvollziehen. Alles andere entwickelt sich mit der Zeit von selbst. Das Wort "Instinkt" macht deutlich, daß sich der im Wort vorgegebene Ausdruck nicht auf klischeehafte Formen versteift, sondern aus dem Unterbewußtsein heraus entsteht. Aus dem Unterbewußtsein heraus entwickelt sich also die individuelle Gestaltung. Natürlich spielen dabei auch die körperlichen Möglichkeiten eine Rolle. Zum Erlernen des afrikanischen Tanzes sind diese jedoch von untergeordneter Bedeutung. Jeder tanzt so, wie er kann. Das Wichtigste ist, daß es Spaß macht und Zufriedenheit bringt.

Mit den in afrikanischer Weise geschaffenen Namen und Bezeichnungen erhält eine Bewegung Sinn und Ausdruck. Einer Bewegung einen Namen geben, bedeutet so viel wie, ihr Lebendigkeit zu verleihen. Dadurch, daß der Tänzer diese Lebendigkeit selbst erlebt und im Tanz zum Ausdruck bringt, verwandelt er die Bewegung wieder in Worte. Der afrikanische Tanz kann Kommunikation mit Menschen oder mit Gott sein, der Tanz kann Gebet sein, Bitte oder Aufruf, er kann Riten ankündigen oder geschichtliche Begebenheiten übermitteln oder ganz einfach nur Freude am Lied und am Rhythmus sein.

Auch wenn die Besinnung auf den Gehalt einer Tanzbewegung beim Erlernen eines Tanzes eine so wichtige Rolle spielt, bedeutet das keineswegs, daß dieser Tanz ganz ohne Technik und ohne festgelegte Schrittfolgen auskommt. Es bedeutet also nicht, daß jeder auf seine Art und Weise in der Gegend herumhopst. Solch irreführenden Meinungen wurden von Europäern bis vor nicht allzu langer Zeit vertreten. Wohl vor allem deshalb, weil sie nicht in der Lage waren, eine Ordnung, ein Gesetz oder eine vorgeschriebene Schrittfolge zu erkennen.

Tatsächlich hat jede traditionelle Bewegung ihren fest vorgeschriebenen Bewegungsablauf und ihre Schrittfolge und ohne eine bestimmte, für den afrikanischen Tanz typische, Grundtechnik könnten viele Bewegungen im dazu vorgeschriebenen Rhythmus oder in sehr schnellem Tempo überhaupt nicht ausgeführt werden.

Deshalb werden die Bewegungsabläufe und Schrittfolgen im choreographischen Teil mit Fotos und technischer Anleitung erklärt. In diesen Erklärungen wird für eine Bewegung beispielsweise eine ganz bestimmte Armführung oder Fußstellung angegeben, und der Rest des Körpers läuft in der Bewegung ohne genaue Vorgaben mit. Für eine bestimmte Bewegung gibt es also sowohl genaue Vorschriften wie auch Freiräume, die den persönlichen Ausdruck ermöglichen. Wenn Technik und Koordination vollkommen mühelos geworden sind, entsteht während des Tanzens, also direkt aus dem vom Wort mitgestalteten Tanzgefühl heraus, der persönliche Ausdruck.

Oft sind Zuschauer bei einem Tanz-Workshop erstaunt, wie ein und dieselbe Bewegung bei zwanzig Teilnehmern so verschieden auszusehen vermag und doch alle eine Einheit bilden. Diese Einheit entsteht durch gut geschulte Tanztechnik und durch eine präzise Ausführung der Bewegungsabläufe. Wird außerdem der Rhythmus von allen Tänzern mit allen Fasern des Körpers aufgenommen und umgesetzt, so kann ein einheitliches Bild durch nichts mehr gestört werden. Der individuelle Ausdruck und die daraus entstehenden Unterschiede können sich nur als Bereicherung auswirken. Von dieser durch das Wort erzeugten Lebendigkeit nährt sich der afrikanische Tanz.

Die Bezeichnung erweckt etwas zum Leben. Sie kommt im künstlerischen Schaffen zum Ausdruck. Worte schaffen Bilder und gestalten Bewegungen. Ein schönes Beispiel hierfür ist die Art und Weise, wie die Bauern der Dogon den Wachstumsstand der Hirse bezeichnen. »Nase raus« heißt das erste Erscheinen der Stiele, »Hahnenschweif« die erste Biegung des vom Wind gestreichelten Blattes, »Klumpen versteckt« das Verschwinden der Erde unter dem Graswerk, »Tierverschlinger« die Halme, die hoch genug sind, ein Schaf zu verdecken. Keine technische Beschreibung könnte uns das Aussehen der Hirsesprossen besser beschreiben als diese bildhaften Worte der Dogon. Ich kann mir vorstellen, wie das Hirsefeld aussieht, wie die Hirse wächst und wie sie sich im Wind bewegt. So sehr sind diese Worte für mich mit Leben erfüllt, daß sie wie ein Tanz in meiner Vorstellung erscheinen.

Der Rhythmus

„Die Trommel schlagen, heißt den Blasebalg in Bewegung setzen, das Symbol der Sonne."

In der Mythologie der Dogon ist der Schmied der Begründer des Rhythmus. Im Urrhythmus, den er bei der Arbeit mit Blasebalg, Ambos und Hammer erzeugt, spiegelt sich das Weltensystem wieder.

Später verwandelte sich laut Ogotemmeli der Blasebalg zur Trommel, der Ambos wurde durch eine Eisenglocke ersetzt, und der Hammer wurde zum Schlagstock.

Auch in anderen afrikanischen Ethnien hat der Schmied eine besondere Stellung, ihm sind besondere rituelle Handlungen vorbehalten, wie z. B. die Beschneidung. Seines Handwerks wegen – er stellt Werkzeuge, hauptsächlich Hacken und Sicheln, her, die für den Ackerbau benötigt werden – hat er eine geachtete und gleichzeitig gefürchtete Position.

Die erste Tommel jedoch wurde vom Nommo selbst hergestellt. Und wie er schon einmal das Faserkeid, das Feuchtigkeit, Wort und Lebenskraft enthielt, auf die Erde gebracht hatte, so brachte er jetzt die Trommel zu den Menschen. „Aber die Trommel war nicht nur dazu bestimmt, die Menschen mit dem Nommo zu verbinden. Sie lehrte sie auch das neue, vollständige und klare Wort... Doch die Achseltrommel (Talking Drum) konnte ja nicht ausreichen zum Lernen dieses Wortes, das vielgestaltig sein mußte, um den verschiedenartigen Bedürfnissen der Menschen zu entsprechen." So entstanden die unterschiedlichen Trommeltypen. In der Überlieferung der Dogom sind es acht Trommeln, die mit ihrem Klang eine Tonleiter der Sprache darstellen, wobei die zweite und dritte Trommel eine kleine und eine größere Achseltrommel sind.

Mit der Trommel also kam das gesprochene Wort zu den Menschen. Sprache und Rhythmus stehen demnach in enger Beziehung zueinander. Dies ist auch in anderen Kulturen zu beobachten, besonders in solchen, die eine Tonsprache sprechen, eine Sprache also, in der sich die Bedeutung eines und desselben Wortes nur durch unterschiedliche Betonung eines Selbstlautes ändert oder dadurch, daß die Sprachmelodie am Ende des Wortes steigt oder fällt.

Die Erkenntnis, daß Rhythmus und Sprache in enger Beziehung zueinander stehen, bringt Reinhard Flatischler in seine Lehrmethode ein, die das Erspüren und das Erzeugen von Rhythmus fördern soll. Daher meint er, „daß jede Gestaltung auf einer Trommel einem Sprechen gleicht und daß die Fähigkeit, mit der Stimme Rhythmen zu improvisieren, eine grundlegende Voraussetzung für das Trommeln ist. Die Gestaltung, die Du mit Deiner inneren Stimme sprechen kannst, wird jeder, der sie hört, als klare Äußerung verstehen, sobald sie durch Deine Hände auf der Trommel als Rhythmus erklingen. Aus dem Wissen, daß die Gestaltung von Rhythmen mit der Stimme intensiv auf unser Inneres wirkt, sind in allen Kulturen Riten entstanden, in denen Sprachrhythmen über lange Zeit rezitiert werden. Die Menschen treten dabei in Kontakt mit dem Pulsieren in ihrem Inneren."

Die Gestaltung von Rhythmus durch die Stimme taucht im afrikanischen Alltag und ganz besonders beim Märchenerzählen immer wieder auf. „Der Erzähler belebt seine Erzählungen mit allen möglichen Lauteffekten. Er wechselt die Tonhöhe seiner Stimme und das Sprechtempo, um den Charakteren und der Handlung gerecht zu werden, und begleitet sich mit allen möglichen klatschenden, klickenden und klappernden Geräuschen, um seine Erzählung zu veranschaulichen. Die Zuhörer antworten in der gleichen Weise, fast wie ein Chor. Sie machen bei passender Gelegenheit Bemerkungen, steuern ihre eigenen Geräuscheffekte bei und singen die Lieder, die in der Erzählung vorkommen. Kurz, sie spielen selbst mit." Auf diese Weise hat jeder Zuhörer intensiven Kontakt mit dem Rhythmus, und schon die kleinen Kinder lernen, das Gehörte umzusetzen oder Eigenes vor der ganzen Gemeinschaft zu präsentieren. Besonders bekannt für diese Art des Märchenerzählens sind die *alo*-Märchen der Yoruba, bei denen außer den Geräuschen und Liedern vor allem das rhythmische Klatschen eine wichtige Rolle spielt. Gerhard Kubik hat sich mit diesen *alo*-Märchen intensiv befaßt. Er schreibt über die Märchenerzähler: „Einige sind Experten, jedoch wird das Erzählen von *alo* nicht als professionelle Übung angesehen, sondern als ein gemeinschaftliches Ereignis. Jeder, der eine Geschichte weiß, kann sie – ungeachtet seines Alters, Geschlechts oder seiner sozialen Stellung – erzählen. Obwohl manche alte Leute die größte Perfektion im Märchenerzählen besitzen und ihre Zuhörer wirklich zu fesseln vermögen, wird auch jüngeren Kindern immer eine Chance gegeben zu zeigen, was sie von der Kunst gelernt haben."

Die Kunst, mit dem gesprochenen Wort einen Rhythmus zu gestalten, beherrschen in Afrika besonders die Grioten und Dichter. Ein Liedtext oder ein Vers wird nicht nur nach seinem geistigen Gehalt und Sinn gestaltet, sondern es wird darauf geachtet, daß die aneinandergereihten Worte einen Zeile für Zeile wiederkehrenden Rhythmus bilden. Dadurch ist es nicht möglich, solche Texte Wort für Wort zu übersetzen, und eine Übertragung im weitesten Sinne ist angebracht.

Ein Beispiel für den Sprachrhythmus eines Verses ist der Text des Liedes zum *Hochzeitstanz* von Cheikh. Zur Veranschaulichung hier die jeweils dritte Zeile jeder Strophe, die sich als einzige Zeile von Vers zu Vers verändert. Beim wiederholten Sprechen dieser Zeilen können Sie den Rhythmus deutlich heraushören.

Nienkalibi illah illah
Dogo mina dogo tigila
Djalli mina djalli tigila
Muso mina djeba colona

In der afrikanischen Musik ist der Rhythmus das zentrale Element. Mit Hilfe des Rhythmus wird die Vielfalt der Gefühle ausgedrückt. Ganz im Unterschied zur westlichen Musik, in der hauptsächlich die Melodie diese Funktion übernimmt. Der Rhythmus ist Atmung – Bewegung – Leben. Dies ist auch die Grundlage für den Tanz, und so vereinen sich Rhythmus und Tanz aufs innigste. Trommler und Tänzer sind immer eine Einheit. Sie können sich auch mit Hilfe ihrer Ausdrucksmöglichkeiten wechselseitig beeinflussen. Diese Einheit besteht in irgendeiner Form immer, ob es sich um einen oder mehrere Trommler handelt, die für einen Solotänzer spielen, ob es sich um überlieferte Zeremonien handelt oder um irgendein Tanzfest am Samstagabend auf der Straße. Die Beschreibung folgender Szene aus einem Roman von Wole Soynka verdeutlicht dieses Zusammenwirken besonders einfühlsam: „Sie tanzte ohne Partner, völlig sich selbst genügend. Sie war immens. Sie ragte auf allen Seiten heraus, beherrschend. Sie füllte die Tanzfläche mit ihrem Körper, schloß die Umgebung aus mit einer natürlichen Aura des Überflusses. Sie bewegte sich langsam, mit tiefster Empfindsamkeit, eingehüllt in die Melodie und den Rhythmus des Regens. Und sie bewirkte eine abermalige Veränderung in der Band, die jetzt nur für sie spielte, Musik und Stimmung wie Faltenwurf um sie legte. Sie beobachteten, wie sie sich langsam verlor, den Kopf zurückgeworfen, um mit den Palmwedeln, den Bananenblättern oder dem anderen Blattwerk, das tropische Frische auf dem Fußboden vortäuschen sollte, eine noch engere, eine ganz persönliche Verbindung eingehen zu können. Der erste Trommler bewegte sich auf sie zu, zog gleichsam ihre Haut über seinen Trommelkörper. Regenbänder im Grün und Orange des Klubs fielen von den Rändern des Staatsschirmes, umrankten sie, deren Abbild sich in den vier Seiten der Spiegelsäule verzerrte. Von Zeit zu Zeit erhob sich ein leichter Wind und besprühte sie, doch sie tanzte weiter; der Trommler aber zog sich zurück, strich rasch über die Membran, rieb sie warm, um ihre Textur zu erhalten, doch seine Stimme wich nicht von ihrer Seite."

Diese Beschreibung einer Tanzszene in einem Klub gibt die starke tänzerische Ausstrahlung in den weiten Raum und das Sich-Einfügen in die Umgebung bzw. in die Natur treffend wieder. Zudem gibt dieses Zitat ein stimmungsvolles Bild vom Zusammenwirken von Tänzerin und Trommler. Zunächst läßt sich die Band vom Tanz der Frau beeinflussen, dann spielt sie nur für sie, „und legt Musik und Stimmung wie Faltenwurf" um sie. Dann nimmt ein Trommler intensiven Kontakt mit ihr auf. Man kann jetzt ahnen, daß er sie führt und daß er sich gleichzeitig von ihrem Tanz bezaubern läßt, ohne sich von der Trommel als seinem wichtigsten Partner zu lösen. Seine Sprache ist das Schlagen der Trommel und ihre Sprache die Bewegung. Der Rhythmus verbindet beide miteinander, und nur durch ihn kann dieses Wechselspiel entstehen. Dieses Aufeinandereingehen oder das gegenseitige Herausfordern kann sich auch bei einem Live-Musiker und einem Tänzer der westlichen Kultur abspielen. Ich habe jedoch bemerkt, daß es unseren Musikern oft sehr schwer fällt, sich optisch auf die Tanzenden zu konzentrieren und Impulse aus ihren Bewegungen musikalisch umzusetzen. Sie sind es nicht gewohnt, die Umgebung miteinzubeziehen, sondern sind meist sehr auf sich selbst und ihr Instrument konzentriert. Alle Musiker, die darin eine rühmliche Ausnahme darstellen, mögen mir diese Verallgemeinerung verzeihen.

Die afrikanische Musik und der afrikanische Tanz sind in besonderem Maße geeignet, die Verbindung zwischen Trommler und Tänzer herzustellen. Und ich habe immer wieder beobachtet, wie Tanzanfänger, die von sich selbst behauptet haben, unmusikalisch, tänzerisch und rhythmisch völlig unbegabt zu sein – was natürlich nie stimmt –, sich gerade durch die afrikanische Musik und die afrikanischen Tanzbewegungen besonders leicht in den Rhythmus eingefunden und ihre Fähigkeiten entdeckt haben. Dafür gibt es sicherlich mehrere Gründe. Einer davon erscheint mir als sehr einleuchtend. Es gibt eine gemeinsame Grundlage zum Hervorbringen des Rhythmus, zum einen beim Schlagen der Trommel, zum anderen beim Ausführen der afrikanischen Tanzbewegung. Dies ist die Atmung.

In seinem Buch *Die Macht des Rhythmus* führt Reinhard Flatischler unter anderem in eine Übungsweise ein, die das eigene Rhythmusgefühl spürbar macht und festigt. Dies beginnt mit dem Erspüren des eigenen Pulses und der Atmung und dem Erfühlen der Begegnung von Atmung und Puls. Er beschreibt den

Atemrhythmus folgendermaßen als: das Loslassen beim Ausatmen, das Seinlassen im Moment des Nichtatmens, das Zulassen beim Einatmen. Genau derselbe körperliche Zustand, der den drei Atemmomenten zugeordnet ist, und natürlich die Atmung selbst, sind der Auslöser und die Antriebskraft der afrikanischen Tanzbewegung. Dies läßt sich anhand einer einfachen Bewegung beschreiben: den Fuß vom Boden abheben und das Knie leicht hochziehen und anschließend den Fuß wieder aufsetzen. Die Bewegung beginnt mit Ausatmen, der Bauch schiebt sich dabei nach hinten, wird das Bein dabei lockergelassen, also "losgelassen", hebt es sich fast von alleine. Dann folgt der Moment des "Seinlassens", ein bewußter Moment ohne körperliche Aktion. Darauf folgt das Einatmen, dabei sinkt das Bein zurück zum Boden. Dies entspricht dem "Zulassen". Durch das Lösen und Entspannen beim Ausatmen wird es zugelassen, daß das Bein der Schwerkraft folgt. Diese kurze Beschreibung dient nur einer ersten Information. Im Kapitel *Tanztechnik* findet sich zu dieser Beinbewegung unter dem Titel "mit dem Fuß auftreten" eine genaue Übungsanleitung.

Das Bewußtwerden der eigenen Atmung und des damit verbundenen körperlichen Befindens dient dazu, Rhythmus zu erfühlen und hervorzubringen. Es ist also der gleiche Ausgangspunkt und dieselbe kraftspendende Quelle für den Trommler wie für denjenigen, der afrikanisch tanzt. Auf demselben Weg finden beide zum Rhythmus.

Es sollte noch gesagt werden, daß die angeführten Beispiele Grundmuster sind, die im Laufe des Tanzes und Trommelspiels persönliche Veränderungen erfahren. Wer schon länger tanzt, erreicht meist intuitiv die jeweils adäquate Atmung.

Das Sich-Einfinden in den Rhythmus und die Beeinflussung durch den Rhythmus erfolgt mehr oder weniger unbewußt. Bei mir ist es fast immer so – und vielen anderen Tänzerinnen und Tänzern geht es nicht anders –: Wir werden vom Rhythmus einfach mitgerissen, alles passiert im Bauch, und warum es so überwältigend ist, kann keiner so ganz genau sagen.

Wenn ich zum Beispiel von einem bestimmten Lied oder Musikstück besonders angetan bin, so meist deshalb, weil es mit einer Erinnerung verbunden ist, die mir in diesem Moment präsent ist. Höre ich aber den Rhythmus der Trommel, so erinnere ich mich an nichts, ich überlege nicht warum, ich denke gar nichts und lasse mich umhüllen vom Klang der Trommel, nehme langsam den Rhythmus auf und bringe ihn immer stärker in die vorgegebene Tanzbewegung ein.

Das Sich-Einfinden in den Rhythmus bedeutet auch, den Einklang und die Gleichmäßigkeit zu finden, die sich entwickelt, wenn Atmung und Bewegungsablauf aufeinander abgestimmt sind. Dann entsteht ein Energiefluß, der die Tänzerinnen und Tänzer kräftigt und der es möglich macht, über Stunden intensiv zu tanzen. Germaine Acogny meint, daß dafür vor allem die Frauen eine besondere Gabe besitzen: „Beim Tanzen können wir Atem, Herzrhythmus und das Schlagen von Beinen und Armen zu einer Einheit werden lassen und dabei über uns hinaustreten in einen zweiten Zustand." Mit dieser Bezeichnung „zweiter Zustand" könnte auch die Trance bezeichnet werden, die auch nur dann erreicht wird, wenn dieselbe Bewegung über lange Zeit wiederholt getanzt wird. Dies ist besonders bei den überlieferten Tanzzeremonien der Fall.

Auch den Tanzschülern ist das Tanzen einer einzigen Bewegung über längere Zeit eine große Hilfe zum Einfinden in den Atem-, Bewegungs- und Trommelrhythmus. Durch langes Üben gehen die bewußt erlernten Dinge ins Unterbewußtsein über. Gerade im Zustand, in dem nichts mehr vom Kopf gesteuert, sondern ins Unterbewußtsein übergegangen ist, kann in Tanz und Trommelspiel die Vollendung erreicht werden.

Im Unterricht läßt Cheikh die Anfänger jede Bewegung auch länger tanzen, um ihnen die Möglichkeit zum gründlichen Einfühlen zu geben. Bei den Fortgeschrittenen folgen die Wechsel zur nächsten Bewegung in kürzeren Abständen.

Die Wechsel selbst werden durch einen bestimmten Trommelrhythmus angezeigt, der über den fortlaufenden Rhythmus gespielt wird. Das sture Durchzählen, das Tänzerinnen anderer Tanzstile gewöhnt sind, ist nicht nötig. Die Trommel ruft, und der Tänzer hat noch genügend Zeit, sich während des Trommelrufs genau im gegebenen Moment auf den Übergang vorzubereiten. Außerdem gibt es noch die Möglichkeit, jeder Bewegung einen bestimmten Rhythmus zuzuordnen.

So sprechen auch hier wieder Trommel und Rhythmus zum Tänzer. Da Cheikh für seine Schülerinnen und Schüler gleichzeitig Lehrer und Trommler ist, wendet er alle diese Möglichkeiten, über den Rhythmus auf den Tanz Einfluß zu nehmen, auch didaktisch an. Dadurch entsteht bei den Schülern das Gefühl, sie hätten ohne viel Dazutun und ganz leicht gelernt. In Wirklichkeit hat sie Cheikh durch das Trommelspiel geführt, über holprige Stellen hinweg mit kräftigen Schlägen Sicherheit gegeben, schwierigere Bewegungen länger üben lassen, in hektischen Phasen mit leisen Klängen beruhigt usw.

Auf diese Elemente, die unterhalb der Bewußtseinsschwelle wirken, läßt sich wahrscheinlich auch zurückführen, daß viele Perkussions-Schüler die erlernten Rhythmen meist schnell wieder vergessen, wenn sie sie nicht über lange Zeit regelmäßig üben. Außerdem ist unser Ohr eher gewohnt, Melodien zu hören, und wir können uns Melodien wesentlich besser merken als einen Rhythmus. Ein "Ohrwurm" ist selten ein Rhythmus. Erst nachdem ich drei Wochen lang täglich die Trommelrhythmen gehört und getanzt hatte, konnte ich sie mit Sicherheit den einzelnen Tänzen zuordnen. In Afrika gehörten und gehören Rhythmus und Musik noch immer zum Alltagsleben. „Das afrikanische Kind wächst heran zu den Klängen unzähliger Tanzliedchen, gesungener Spielverse und Kindergeschichten. Bevor es moderne Schulen gab, waren die Kinder weitgehend sich selbst überlassen, und da förderte dieser musikalische Zeitvertreib schöpferische Phantasie und Wissen: Mit Hilfe ihrer Abzählverschen etwa lernten die Kinder der Banyakole gleichzeitig zählen und musikalische Rhythmen unterscheiden." Noch heute werden die Kinder von klein auf zu Festen und anderen Tanzanlässen mitgenommen und lernen durchs Zuhören und auch durch das aufmunternde Zureden der Erwachsenen singen und tanzen. „Die meisten der oben erwähnten Lernsituationen erfolgen in ungezwungenem Rahmen und geben dem Kind die Möglichkeit, durch Imitation, Beobachtung und Zuhören zu lernen. Dadurch wird dem Kind geholfen, seine eigene Kultur zu verstehen und in dieser Kultur den eigenen Stellenwert zu finden." Vor allem während der Initiation lernen die Jugendlichen die Lieder und Rhythmen aus der Überlieferung genauer kennen.

Auch bei der alltäglichen Arbeit wird oft und gerne gesungen. In den Dörfern singen die Frauen zum Stampfen des Getreides, und nicht selten klatschen sie im Takt dazu und machen im Wechsel rhythmische tänzerische Bewegungen. Wie Lied und Rhythmus die Feldarbeit begleiteten, beschreibt Camara Laye in seinen Kindheitserinnerungen. Das Schneiden des Getreides war eine besonders erlebnisreiche Tätigkeit, und voller Stolz begleitete er seinen Onkel, der als der beste und schnellste Schnitter im Dorf bekannt war. „»Sing mit!«, sagte mein Onkel. Das Tamtam, welches unser Vorrücken in den Feldern getreulich begleitet hatte, gab für das Lied den Takt an. Wir sangen im Chor, oft sehr laut, in mächtig anschwellender Begeisterung, dann wieder leise – so leise, daß man uns kaum hörte –, und die Müdigkeit flog von dannen, die Hitze wurde erträglich... Sie sangen, unsere Leute, sie ernteten. Sie sangen im Chor, sie ernteten gemeinsam, ihre Stimmen vereinigten sich, ihre Bewegungen stimmten überein, sie waren beisammen!" Auch wenn die überlieferten Bräuche und die rituellen Tanzzeremonien nicht mehr überall stattfinden, so haben die Kinder und Jugendlichen immer noch genügend Gelegenheit, bei der Arbeit, bei Familienfesten und Tanzpartys die Rhythmen zu hören, die Lieder zu lernen und die Tänze zu beobachten und auch mitzutanzen.

Obwohl die afrikanische Musik inzwischen überall aus dem Kassettenrekorder und dem Radio kommt, erfreut sie sich einer Beliebtheit und einer Verbreitung, die nicht vergleichbar ist mit der Bedeutung aktueller Musik in westlichen Ländern. Die relativ hohen Verkaufszahlen von Kassetten der Superstars, die gerade "in" sind, bestätigen dies.

Das neben dem Wort und der Erde wichtigste und mit dem afrikanischen Tanz innig verbundene Element ist der Rhythmus. Sicherlich enthält dieses Thema noch viele andere, vor allem musikalische, Aspekte, wie z. B. die Trommeln und andere gebräuchliche Instrumente, die noch beschrieben werden. Die musikalische Seite dieses Themas kann ich als Tänzerin nur am Rande streifen und bitte, bei Interesse auf die Literaturhinweise zurückzugreifen. Eine besonders gute Möglichkeit, etwas über den Rhythmus zu erfahren, ist das Erleben, das Ausprobieren mit dem eigenen Körper. Eine von vielen Möglichkeiten hierzu bietet der afrikanische Tanz.

Der Tanz im afrikanischen Leben

Zu den frühesten Zeugnissen afrikanischer Kunst zählen die in ganz Afrika in großer Anzahl vorkommenden Felsmalereien. In ihnen entdeckt man immer wieder Abbildungen von Tänzern oder Darstellungen ritueller Tanzszenen. Sie bezeugen, daß der Tanz schon in frühester Zeit eine wichtige Stellung im afrikanischen Leben hatte.

Die wichtigsten Felsmalereien hat man im Atlas-Gebirge (Marokko), in der Sahara, in den Gebirgen des Hoggar und Tassili der Ajjer (Algerien), im Tibetsi und Ennedi (Tschad), im Darfur und der nubischen Wüste (Sudan), im oberen Niltal, weiterhin in Äthiopien, Kenia, Uganda, Tansania, Zaire, Malawi, Zambia, Zimbabwe, Namibia, Botswana und Südafrika gefunden. Nur in den Gebieten des tropischen Regenwaldes sind keine Felsmalereien gefunden worden.

Bei aller Problematik ihrer Datierung gelten die ältesten Funde, bemalte Steinfragmente aus dem südlichen Namibia, als wahrscheinlich 26 000 Jahre alt. Der Großteil der Felsmalereien, vor allem im südlichen Afrika, schwankt zwischen einem Alter von 100 bis 1800 Jahren. Dort wurden Felsmalereien noch bis ins 19. Jahrhundert ausgeführt.

Ihre Deutungen durch Ethnologen fallen sehr unterschiedlich aus. Eindeutig bestimmt und klar für jeden erkennbar sind jedoch unzählige Tanzszenen mit bestimmten Gruppierungen von Tänzern und an Zeremonien beteiligten Menschen, Festumzüge mit geschmückten Tänzern und Frauen, tanzende Heilkundige mit unterschiedlichen, für rituelle Handlungen bestimmten Gegenständen und Tänzer in Trance. So bestätigen die Felszeichnungen in äußerst differenzierter Weise die zentrale Rolle des Tanzes im afrikanischen Leben.

Im Laufe der Zeit haben viele der Riten und Feste, in denen der Tanz immer eine wichtige Stellung einnahm, ihre eigentliche Bedeutung verloren. In der Kolonialzeit waren sie zum Teil von den Missionaren und den Kolonialmächten verboten worden. Die Islamisierung, vor allem in Westafrika, und die Verbreitung des Christentums, Veränderungen im gesellschaftlichen Leben und das Abwandern der Jugendlichen in die Städte führten zu einem Wandel der Lebensweise. Durch die Aufgabe vieler Riten und Zeremonien, wie z. B. der

Initiation, wird auch die mündliche Überlieferung des gesamten Kulturgutes der jeweiligen Volksstämme entscheidend beeinträchtigt. Die letzten Weisen sterben aus, ohne daß sie ihr Wissen an die Jungen hätten weitergeben können, die inzwischen in Paris studieren oder einer Berufsausbildung in einer Großstadt nachgehen. Inwieweit die traditionellen Bräuche heute noch ausgeführt werden, läßt sich nur schwer beurteilen, und ich habe darüber keine klaren Angaben finden können.

In ländlichen, schwer zugänglichen Gegenden werden die Feste und Bräuche zum großen Teil noch auf Grund ihrer ursprünglichen Bedeutung abgehalten. In den Städten ist das Leben eher westlich orientiert. Religion und Mythos sind nicht mehr mit den existentiellen Dingen des Lebens verbunden. Das gesellschaftliche Leben in den Städten unterscheidet sich deutlich vom Leben auf dem Land, und die überlieferten Zeremonien haben dort zum Teil ihren Sinn verloren.

Trotz dieser Entwicklung hat der Tanz in Schwarzafrika seine besondere Bedeutung behalten. Er nimmt auch heute noch eine wichtige Stellung ein, die sich von der Bedeutung des Tanzes im kulturellen und gesellschaftlichen Leben Europas wesentlich unterscheidet.

Der traditionelle Tanz erfährt also eine beständige Entwicklung, die sich je nach Umgebung unterschiedlich auswirkt. Im Tanz, seinem geistigen Gehalt und seinen Bewegungsformen offenbart sich der Zeitgeist. Die Erlebnisse und Erfahrungen, die Gefühle der Menschen, das Leben an sich, sind nach wie vor die formenden Elemente im traditionellen afrikanischen Tanz.

Auch wenn es einem Außenstehenden wohl unmöglich ist, die Riten in der Vielschichtigkeit ihrer Gehalte und Bedeutungen voll auszuschöpfen, lohnt es sich doch, einmal den Versuch zu wagen, sich in die Welt afrikanischer Zeremonien hineinzuwagen.

Zunächst sind da die ursprünglichen Zeremonien, die in einer Umgebung abgehalten werden, in der Religion, Mythos, Kunst, Naturbezogenheit und das soziale Gemeinschaftsleben ineinander verwoben sind und eine Einheit bilden, die für das Leben jedes Einzelnen und seine Stellung in der Gemeinschaft maßgebend ist. Gegründet auf den Gehalt, die Werte und die Symbolik dieser Einheit, besteht eine Ordnung, die den Ablauf der Tanzfeste ebenso bestimmt wie die unterschiedlichen Tanzformen und Bewegungen.

Eine solche Zeremonie besteht nicht allein aus dem Durchführen von Tänzen. Sie beginnt mit Vorbereitungen verschiedener Art: dem Zubereiten der Speisen und Getränke, dem Bestimmen der Opfertiere, dem Herrichten oder Herstellen der Masken und Kostüme.

Der Zeitpunkt, zu dem eine bestimmte Zeremonie abgehalten werden soll, ist in einer Art Kalender genau festgelegt, der jedoch auch wieder nach Ethnie und Volksstamm, ja selbst von Dorf zu Dorf variiert. Durch die Einteilung der Zeit und ihre regelmäßige Wiederholung entsteht ein eigener Rhythmus. So sind nicht nur Musik und Tanz, sondern auch die Zeiteinteilung durch einen sich wiederholenden Rhythmus strukturiert. Zusätzlich gibt es unvorhergesehene Begebenheiten, die eine Zeremonie notwendig machen, wie z. B. ein Todesfall oder eine plötzlich eingetretene Notlage.

Der Ort, an dem Zeremonien abgehalten werden, ist nicht ausschließlich für diese bestimmt. Es kann der Dorfplatz sein, eine Waldlichtung oder ein Feld, aber auch der heilige Hain. Dies ist ein Ort am Rande des Dorfes, der ausschließlich für die Verehrung der Ahnen, das Abhalten von Opfern und andere rituelle Handlungen vorgesehen ist.

Die Zeremonien selbst werden nach genauen Vorschriften abgehalten. Außer den Tänzern können Musiker, Sänger, ein Chor, Sprecher, Darsteller, Maskenträger und Priester, welche die Zeremonien leiten, daran beteiligt sein. Die Beteiligten sind je nach Anlaß Männer oder Frauen. Das ineinander verwobene Agieren aller stellt ein Ganzes dar, das nach festgelegten Regeln abläuft und eine Ordnung nachvollzieht, die durch den Mythos begründet ist. „Es verbindet die Welt der irdischen, alltäglichen Aktivitäten mit einer kosmischen Ordnung, wie sie am Anfang aller Dinge von Gott oder dem Demiurgen festgelegt wurde, und es stellt eine Verbindung her zwischen dem Ereignis der Schöpfung und seiner symbolischen Wiederholung in der Gegenwart. Auch die kleinsten Einzelheiten besitzen eine unmittelbare, spezifische Bedeutung und verwandeln sich nur entsprechend den Zusammenhängen, in die sie eingefügt sind."

Obwohl diese Beschreibung von Prof. Jean Laude sehr treffend ist, könnte man den Eindruck haben, es handle sich hier um einen bestimmten vorgeschriebenen Ablauf, der vor langer Zeit einmal festgelegt wurde und in dieser Form bis heute unverändert nachvollzogen wird. Auch besteht unsere Vorstellung von "traditionell" immer in Verbindung mit etwas aus früheren Zeiten, das getrennt von der Entwicklung der Umgebung in seinen Formen erhalten geblieben ist. Für die afrikanischen Zeremonien trifft dies so nicht zu. In der darstellenden Wiederholung des Mythos und seiner ganzheitlichen Ordnung verwirklicht sich der Mythos jeweils neu – und dies nicht als bloße Erinnerung an die Vergangenheit, sondern als aktuelle Neuschöpfung. Zugleich fließen, wie schon erwähnt, religiöse, kulturelle, gesellschaftliche und soziale Beweggründe, also Faktoren ein, die sich ständig verändern. Da die Zeremonien und der Tanz in Afrika mit dem täglichen Leben untrennbar verbunden sind, verändern auch sie sich im Laufe der Zeit.

Gleiches ist auch in der mündlichen Überlieferung der Märchen zu beobachten. Da fahren traditionelle Märchenfiguren plötzlich mit dem Fahrrad zum geheimen Treffpunkt, und aktuelle Persönlichkeiten treten in Erscheinung.

Ein schönes Beispiel entnehmen wir der vielzitierten Arbeit des Ethnologen Marcel Griaule: Das "Sigi-Fest" bei den Dogon wird genau alle sechzig Jahre durchgeführt. Zu diesem Anlaß werden bestimmte Maskentänze aufgeführt. Der Zeitpunkt des Festes, das Aussehen der Masken und deren Bewegungen gründen sich auf die mythologische Überlieferung. Durch das Sigi-Fest werden die Pflichten, sich um die Seelenruhe der Ahnen zu kümmern, von der einen auf die andere Generation übertragen. Der Tänzer der *Sirige-Maske,* auch Wohnhaus-Maske genannt, bewegt den Maskenaufsatz, der aus einer mehrere Meter langen, mit Ornamenten verzierten Holzplanke besteht, dem Weg der Sonne folgend, von Osten nach Westen, auf und ab; eine andere Bewegung, bei der er den Maskenaufsatz waagerecht über den Boden kreisen läßt, symbolisiert durch diesen keisrunden Weg die Sonne selbst. Die *Madam-Maske* dagegen stellt eine europäische Forscherin dar, die sich andauernd Notizen in ein Heft macht, eine Erscheinung also, die im heutigen Leben der Dogon für Aufsehen gesorgt hat.

So unterschiedlich die Entstehungsgeschichte der Masken, so verschieden sind auch die einzelnen Zeremonien im Ablauf eines Festes. Sie bestehen nicht ausschließlich aus mythologisch und religiös begründeten Ritualen. Im gesamten Ablauf eines Festes, das je nachdem bis zu mehreren Tagen dauern kann, sind bestimmte Abschnitte auch der Unterhaltung gewidmet. Artisten und akrobatische Tänzer haben Gelegenheit, die Zuschauer in ihren Bann zu ziehen, Musiker spielen für die Allgemeinheit zum Tanz auf, und Geschichtenerzähler unterhalten mit Märchen, Rätseln und Witzen die Festgemeinde.

Es wird also auch an diesem Beispiel deutlich, daß jede Zeremonie mehrere Aspekte zugleich verbindet.

Oft ist in Hinblick auf die Musikinstrumente zu lesen, daß die einen heilig und die anderen profan seien. Solch eine Unterscheidung aber erscheint vor dem Hintergrund der gerade angesprochenen vielfältig zusammengesetzten Einheit als unangemessen. Es ist sicherlich richtig, daß es Trommeln gibt, die ursprünglich nur für einen bestimmten Zweck oder eine besondere Zeremonie eingesetzt wurden. Cheikh sagte einmal, den Blick auf seine Trommeln gerichtet, die er im Unterricht verwendet: „Alle Trommeln sind heilig." Zunächst verwundert dieser Ausspruch, weil seine Tänze und sein Unterricht für uns Europäer zumindest vordergründig nichts Religiöses an sich haben. Andererseits bedeutet er jedoch nicht, wie oft fälschlich angenommen wird, daß ursprünglich ausschließlich aus religiösen Gründen getrommelt und getanzt wurde. Cheikh hatte in der Gegenwart gesprochen. Für ihn bedeutet „Alle Trommeln sind heilig", daß er das Zusammenwirken von Trommeln, Tanzen und Singen, aus welchen Beweggründen auch immer, als ein Ganzes betrachtet, als eine Gesamtheit, in der sich alles Leben widerspiegelt, in allen seinen Facetten. Mit Hilfe der Trommeln, durch Tanzen und Singen, wird dem Leben die höchste Achtung entgegengebracht. Die Achtung vor dem Leben ist tief religiös und humanistisch zugleich. Die Verknüpfung dieser beiden Werte, die besonders in der Kunst zum Ausdruck kommt, war schon immer und ist auch heute noch Grundlage für die besondere Art des schwarzafrikanischen Denkens.

„Ohne Gebet ist kein Licht, weder Licht noch Lied, und kein Lied geheiligt." schreibt der jamaikanische Schriftsteller Basil McFarelane.

Bei der intensiven Auseinandersetzung mit Afrika, sei es im Bereich der Kunst, des Handwerks, der Gesellschaft oder der Religion, begegnet einem dieses ganzheitliche Empfinden, das nicht nur Vorstellung ist, sondern das Herz und die Gefühle und Handlungen des Menschen bestimmt. Eine Unterscheidung nach religiösen oder profanen Gesichtspunkten ist in diesem Fall nicht sinnvoll.

Ein wichtiger Aspekt, der sich auf das Erleben und die Auswirkungen der Zeremonien im allgemeinen und ganz besonders auf die Tänze bezieht, ist das Zusammenspiel von Natur und Kultur. Dies findet besonders in den ausschweifenden und exzessiven, teilweise bis zur Trance führenden Tänzen statt, die schon von den ersten europäischen Reisenden mit Entsetzen und Ablehnung geschildert wurden, später zum Verbot durch die Kolonialherrschaft führten und bis heute, vor allem wegen ihrer zum Teil direkten erotischen Aussage, auf wenig Verständnis stoßen.

„Die sogenannten Besessenheitstänze, aber auch andere Tänze mit und ohne Masken, die bei Initiationen, Bestattungen oder anderen Gelegenheiten aufgeführt werden, setzen eine Serie von Überschreitungen in Gang. Sie übertreten die ruhige Ordnung des täglichen Lebens, der Arbeit und der Gesellschaft überhaupt durch ihre Exzesse, durch ihre materielle wie geistige Verschwendung – brutaler und zugleich spektakulärer Einbruch der Natur in die Kultur.

Aber umgekehrt verliert bei diesen Tänzen die Kultur keineswegs ihre Rechte und ihre Macht, sondern stellt vielmehr aus dem Chaos wieder eine neue Ordnung her... Daraus folgt, daß der klassische Gegensatz Natur/Kultur nicht wie ein System funktioniert, das mit dem Ausschluß des einen oder anderen Begriffs arbeitet, sondern wie ein Beziehungssystem. Hier verhelfen gerade das Ungezügelte und die Maßlosigkeit der Natur – die den Keim der Selbstzerstörung in sich bergen und zum Niedergang führen könnten – zu neuen Regeln und Ordnung.

Hier wird der willkürliche Charakter der gesellschaftlichen und kulturellen Gesetze – die sich ihrerseits verhärten könnten und dann als Zwang empfunden würden – ausgeglichen und in gewissem Sinne neu legitimiert“, schreibt Prof. Jean Laude.

Es besteht also auf der einen Seite ein bestimmter Bereich, der genauen Vorschriften unterliegt, und auf der anderen Seite werden den Teilnehmern der Zeremonien Bereiche gewährt, in denen sie ihren Gefühlen freien Lauf lassen können und, ihren Bedürfnissen entsprechend, sich und die Gemeinschaft erleben können. Entgegen der vielverbreiteten Meinung sind besonders die Besessenheitstänze, aber auch andere Tänze, nicht ausschließlich Ausschweifung und sogenanntes "Dampfablassen" und Abreagieren, sondern sie sind im Wechselspiel von Kultur und Natur, oder anders ausgedrückt von Vorschrift und Freiheit, ein Weg zur Neuorientierung und Neuordnung des Bestehenden.

Genau dieser Vorgang spielt sich auch in jeder einzelnen traditionellen Tanzbewegung ab. Wer schon länger afrikanisch tanzt, begibt sich in dieses Wechselspiel und erlebt bei einer und derselben Tanzbewegung immer wieder etwas Neues und verändert dadurch auch den persönlichen tänzerischen Ausdruck seinem momentanen Zustand entsprechend. Genaueres folgt im Kapitel "Tanztechnik". Nur soviel vorab: Für jede Tanzbewegung besteht eine präzise Schrittfolge und eine grundlegende Vorgabe für die Koordination der Arm- und Beinbewegungen und je nach Bewegung gibt es unterschiedliche festgelegte Vorschriften für den Bewegungsablauf und die Körperhaltung. Diese Vorschriften lassen andererseits zugleich aber einen großen Freiraum, in den sich der Tanzende, erfüllt von Rhythmus und Gefühl, hineinstürzen oder hineinfallen lassen kann. Das vollständige Ausnutzen dieses Freiraumes ist jedoch nur möglich, wenn die festgelegten Vorgaben vollständig akzeptiert und in technischer Perfektion verinnerlicht sind. Wer nicht mehr über diese Abläufe nachdenken muß, kann sich ganz dem persönlichen Ausdruck widmen.

Durch das gleichzeitige Ausführen der vorgegebenen Bewegungen und solchen, die spontan aus der jeweiligen Situation entstehen, vollzieht sich bei jedem Tanz eine Neuordnung. Diese wird von dem Tanzenden bewußt erlebt. Das zeigt sich an folgendem: Dieselben Bewegungen werden immer wieder gerne getanzt und verlieren auch über lange Übungszeiten nicht an Attraktivität, die Veränderungen im Ausdruck werden bewußt und mit Freude erlebt – der Tanzende genießt die eigene Spontaneität und arbeitet trotzdem beständig an seiner formalen Vervollkommnung.

Der eigene Tanz, der persönliche Tanzstil, verändert sich laufend und entwickelt sich weiter.

Was sich in der Gesamtheit der Zeremonie abspielt, findet sich also ebenso in jeder einzelnen Tanzbewegung wieder, die wie die Zelle eines komplexen Gebildes Element dessen Aufbaus und zugleich individueller Ausdruck des Ganzen ist.

Für die Vorbereitung und Durchführung der Zeremonien und Feste ist die Dorfgemeinschaft von großer Bedeutung. Das alltägliche Leben in einem Dorf wird von gemeinschaftlichem Bewußtsein ebenso geprägt wie sämtliche Tanzanlässe, die von der Gemeinschaft getragen werden und ihr auch in irgendeiner Form von Nutzen sind. Oft werden bestimmte Zeremonien von den *Maskenbünden,* auch Geheimbünde genannt, organisiert. Die Handlungen des Maskenbundes sind jedoch nicht als separate "Dienstleistung" zu betrachten, sondern auch sie sind in die gesellschaftliche Ordnung eingebettet. Die Gemeinschaft spielt auch hier keinesfalls eine untergeordnete Rolle.

Ein eindrucksvoller Bericht von Camara Laye über das dörfliche Gemeinschaftsleben entführt uns in ein Dorf in Guinea: „Kouroussa war zur Zeit meiner Kindheit eine Zusammensetzung runder strohgedeckter Hütten. *Kouroussa So,* das heißt das Dorf Kouroussa, schloß verschiedene *Kabila* oder Familien in sich: diese großen Familien führten ein Leben, das sich nach den Geboten der Liebe richtete, einer Liebe, die die einen eng mit den anderen verband und die Leute zu einer starken Gruppe machte, die nicht gespalten werden konnte... In Kouroussa gehörte das Kind weder dem Vater noch der Mutter, sondern es war Eigentum des Geschlechts, des Dorfes, das seine Erziehung übernahm und ihm gegenüber verantwortlich war. Das Individium blieb an die Gruppe gebunden: von ihr hatte es das Leben erhalten, durch sie sollte es weiterleben. Diese Solidarität oder besser noch diese Quelle des Lebens wurde in wichtigen Augenblicken des Lebens spürbar. Bei jeder Geburt versammelte sich das ganze Dorf. Sobald man das Stöhnen der Mutter in ihren Geburtswehen hörte, rannten alle älteren Frauen des Dorfes herbei, um ihr zu helfen. Die Männer versammelten sich im Schatten des großen Baumes mitten im Dorf und erwarteten ängstlich die Ankündigung der Geburt. Kaum hatte das Kind das Licht der Welt erblickt, machte der Vater die Runde bei den Dorfbewohnern, um ihnen zu danken, denn dank ihrer aller Bemühungen war das Kind geboren worden. Während des Tages besuchten alle Dorfbewohner die Mutter im Kindbett, um ihr wiederum zu danken, daß sie ihnen ein Kind geschenkt hatte.

Sollte ein Dorfbewohner krank werden, besuchten ihn die Männer und Frauen auf ihrem Weg zur Arbeit auf den Feldern, wenn sie am Morgen gingen, und wiederum, wenn sie am Abend zurückkamen. Die Solidarität im Leben in Kouroussa ließ sich aber am wunderbarsten feststellen, wenn jemand starb. Jeder verließ seine Arbeit, um beim Sterbenden und seiner Familie sitzen zu können.

Heute passen viele dieser alten Sitten nicht mehr in die moderne Zeit und müssen deshalb aufgegeben werden. Das Positive in dieser traditionellen Gesellschaft überhaupt war die Solidarität, die die Quelle aller zwischenmenschlichen Beziehungen und einer großen Sympathie war. Solidarität als vitale Kraft gab es praktisch in allen afrikanischen Dörfern."

„Die wichtigen Augenblicke des Lebens" wie Camara Laye sie bezeichnete, die Schnittstellen, die Übergänge, die eine Veränderung im Leben jedes Einzelnen darstellen und die eine Neuordnung verlangen, sind genau die Begebenheiten, die in besonderem Maß durch Tanz und Musik begleitet, geordnet und gefeiert werden. Geburt, Initiation, Hochzeit oder Tod bedeuten für den Einzelnen eine persönliche und für die ganze Gemeinschaft eine gesellschaftliche Veränderung. Sie wurden mit Hilfe der ganzen Gemeinschaft durch die Austragung besonderer Zeremonien verarbeitet.

In seinem Beitrag „Ein Lied für jede Gelegenheit" berichtet Solomon Mbabi-Katanga, wie verschiedene Volksstämme in Ostafrika diese Zeremonien abhalten. „Jeder Lebensschritt – Geburt, Kindheit, Pubertät, Volljährigkeit, Hochzeit, Begräbnis und Erbteilung – vollzieht sich zu Musik. Ja, Musik und Tanz beginnen schon vor der Entbindung, wenn die Geister dazu bewegt werden sollen, dem Kind eine glückliche Zukunft zu verheißen.

So wird bei den Banyoro in Uganda die Geburt eines Kindes unter Mitwirkung beider Eltern mit Tanz und Gesang in einem dreiteiligen Ritual gefeiert, das *Ruganga,* dem Gott der Zwillinge, geweiht ist. (Das Zwillingspaar symbolisiert höchste Fruchtbarkeit und somit großes Glück und Gottes Zuwendung.)

Die Pubertät ist bei sehr vielen afrikanischen Völkern Anlaß zu Beschneidungsfeiern mit Tanz, Maskenwesen und Körperbemalung... In den Initiationsriten, die diesen Feierlichkeiten vorangehen, wird der junge Mensch mit allen Bräuchen und Idealen vertraut gemacht, die ihm selbst den Übergang von der Kindheit zum Erwachsenen erleichtern und ihm Sitten und Ideale, die für das Wohlergehen aller als wichtig erachtet werden, weitergegeben. Bei einigen Volksgruppen in Ostafrika sind die Heiratszeremonien Rituale in Form regelrechter musikalisch hochdramatischer Volksopern. Ein besonders kunstvolles Schauspiel bietet etwa die bei den Bahaya, einem Bantuvolk in Tansania, gebräuchliche Hochzeitsfeier. Sie beginnt mit den Ratschlägen der Brautmutter an die Braut, gefolgt vom Lob der Schönheit der Braut, ihres Hochzeitskleides und von Lobpreisungen der Ehe als solcher – das Ganze in opernhaftem Wechsel von Sprechgesang und Arie, die ganze Zeremonie gegliedert durch Rezitationen, in denen die Ahnenreihe der Braut vorgetragen wird. Ein Triumphzug führt zum Gipfel der Feier. Denn nun bringen Abgesandte der Schwiegereltern die Braut feierlich in ihr zukünftiges Heim, das umtost ist von rasender Musik und wildem Tanz, während in seinem Innern Liebesgedichte zur sanften Begleitung einer Zither gesprochen werden. Musik erklingt auch beim Tode: bei den afrikanischen Begräbnisfeiern ist sie von ergreifender Trauer – sehr im Gegensatz zu den fröhlichen Klängen und Tänzen, die bei den meisten afrikanischen Völkern die Nachfolge- und Erbrituale begleiten.

So folgt etwa bei den Baganda in Uganda auf die schwermütige und gemessene Musik, die den Ritus der Todesvertreibung (Olabya Olumbe) begleitet, ein fröhliches Fest zum Empfang des Erben oder Nachfolgers, während im Hintergrund Trommler den Stamm und damit dessen Weiterleben verkünden.

Ein tönender Bogen überkommener Musik verbindet so Geburt und Tod, überhöht den Alltag und reiht ihn in das kulturelle Leben Afrikas ein.“

Die Jagd ist ebenfalls ein wichtiges Thema, das für viele Ethnien Ursache für Zeremonien und Tanz ist. Eine besonders schöne Beschreibung gibt uns Kofi Awoonor. „Die Ashanti-Jäger führen die Totenfeier für einen auf der Jagd erlegten Elefanten erst lange Zeit nach dem tatsächlichen Ereignis auf. Die Wiederholung der Jagd in ihrem ganzen Ablauf im Drama, begleitet von Mimik und Trommeln, gehört zum Reinigungs- und "Kräftigungs"-Zeremoniell, das den Jäger vor einem möglichen Fluch des *sasa,* des Geistes des getöteten Elefanten, schützen soll: Jede Phase der Jagd wird dargestellt, das Finden der frischen Spur und das Heranpirschen an die Beute; der Elefant selbst (durch einen Jäger, der mit seinen Armen die Stoßzähne andeutet), die Elefanten, die sich Sand auf ihre Rücken streuen; der schußbereite Jäger, der mit seinen Gefährten flach auf dem Boden liegt und den entscheidenden Augenblick abwartet; und das Zerschneiden und Wegtragen des Fleisches. In diesem Ritual liegt ein spielerisches Element, obwohl sein primäres Ziel religiös ist. Auf diese Weise werden aktuelle Ereignisse nochmals durchgespielt, ritualisiert und in festlicher Form in Erinnerung gehalten.“ Ebenso geschieht dies mit historischen Begebenheiten, die von Kofi Awoonor ebenfalls beschrieben werden: „Das Homowo-Fest des Ga-Stammes in Ghana ist eine dramatisierte Wiederholung ihrer Ankunft in ihrer gegenwärtigen Heimat und erzählt immer aufs neue von der gräßlichen Hungersnot, die sie bedrängte, bis sie schließlich zu einem Feld mit reifendem Korn gelangten. Diese Zeremonie wird jeden August gefeiert; sie ist geprägt durch Danksagung, rituelle Reinigung, durch das Zusammenkommen aller Familienmitglieder und durch Maskenprozessionen durch die Hauptstraßen... Versöhnungszeremonien, rituelle Reinigung, Opferung, Danksagung und Initiation sind für den Afrikaner eine Ausweitung des wirklichen Lebens in den Bereich der Glaubenswelt, die für ihn eine reale Welt ist."

Mit diesem Satz wollen wir den kleinen Ausflug in die vielfältige Welt der afrikanischen Zeremonien und Tanzanlässe beenden und uns zum Abschluß dieses Kapitels einer ganz besonderen Variante des afrikanischen Tanzes zuwenden, dem Trance-Tanz.

Er ist ein für Europäer kaum vorstellbarer und sehr schwer verständlicher Bereich des afrikanischen Tanzes. Über ihn gibt es die abenteuerlichsten und exotischsten Vorstellungen und ebensolche Beschreibungen in der Literatur, und das meiste, was darüber zu erfahren ist, gleicht eher purer Spekulation. Auch ich werde im folgenden sicherlich nicht viel Licht ins Dunkel bringen. Es wäre natürlich reizvoll, sich intensiver mit diesem Thema zu beschäftigen, ich neige jedoch zu der Meinung, daß nicht alle Dinge von der Wissenschaft erforschbar sind und nur das Erleben selbst uns oft die Erkenntnis bringen kann. Beim Tanzen habe ich die Ansätze von Trance selbst schon erlebt, und viele Schülerinnen und Schüler von Cheikh und anderen afrikanischen Lehrern haben die gleiche Erfahrung gemacht. „Jetzt war ich aber gerade voll weg!" oder „Beim letzten Tanz bin ich total abgehoben!" So oder ähnlich wird dieses Tanzgefühl im Umgangston beschrieben. Dieser Vorgeschmack von Trance ist überwiegend körperlicher Natur. Der Trance-Zustand in seiner Vollendung kann mit Sicherheit nur im Zusammenhang mit einer an die Überlieferungen gebundenen, rituellen Handlung und von Personen erlebt werden, die in einer Kultur aufgewachsen sind, in der Zeremonien mit Trance-Tänzen ins tägliche Leben integriert sind.

In den Felsmalereien im südlichen Afrika, aber auch in Tansania, finden sich vermehrt Darstellungen von Tänzern in Trance. Der Ethnologe Till Förster beschäftigte sich in besonderem Maß mit diesen Malereien und der Lebensweise zweier Volksgruppen der *San* (Sammelbegriff für Ethnien im südlichen Afrika). Nach seinen Beschreibungen konnte ein Heilkundiger durch den Trance-Tanz neben einem soeben erlegten verendenden Tier dessen übernatürliche Kräfte aufnehmen.

Nicht alle Tiere besaßen solche Kräfte. Sicher ist jedoch, daß die Elenantilope sie besaß und daher auch besonders oft auf Felsmalereien abgebildet ist. Erst im Zustand der Trance konnte der Tänzer und Heilkundige die übernatürlichen Kräfte erhalten, um sie dann sofort auf einen Kranken zu übertragen und ihm dadurch Heilung zu bringen.

Bei einem Tieropfer wird durch die Tötung des Tieres ebenfalls eine Energie frei, die durch Rituale geordnet und neu verteilt werden muß.

Die Heilkundigen der Kung (einer San-Gruppe) führen noch heute Tänze aus, die zur Heilung von Kranken dienen, wie aus folgendem Bericht hervorgeht: „In tiefer Trance, so glaubt man, verläßt der Geist des Heilers seinen Körper, um Kämpfe mit den Geistern der Toten ... in der Dunkelheit jenseits des Kreises des Feuerscheins auszufechten. ... Die Frauen singen und klatschen, um nicht nur die Unterstützung für die Trance zu gewährleisten, sondern auch, um die Heiler zu schützen, wenn ihre Geister außerhalb ihrer Körper reisen. Der Trancetanz ist also nicht nur eine Kunstform, an der alle teilhaben können, sondern eine gemeinsame Anstrengung der gesamten Gruppe, um Unglück zu bannen. ... Der Tanz ist vielleicht die zentrale verbindende Kraft im Leben der Buschmänner."

Der Trance-Tanz ist also ein Mittel, um sich Kräfte anzueignen, bzw. unter Kontrolle zu bringen, damit sie der Heilung von Kranken dienen. Der Trance-Tanz dient aber auch dazu, mit den Göttern Kontakt aufzunehmen und sie im Tanz herabzubeschwören. Die Orischa-Tänze der Yoruba sind hierfür ein schönes Beispiel. Über diese Tänze und die Funktion ihrer Großmutter, die als Priesterin diese Tänze leitete, schreibt Germaine Acogny: „Alufo war die Priesterin und Leiterin der Zeremonie und führte den rituellen Tanz an; dabei hielt sie in der Rechten das heilige Messer. Ihre Schultern flatterten; eine Welle lief durch den ganzen Körper. Die Arme hatte sie wie Henkel angewinkelt und bewegte sie mit leichtem Wippen in den Knien nach vorn und zurück; dabei drehte sie sich umher und legte die Hand auf die Köpfe der Zuschauer. Musik und Tanz berauschten die eingeweihten Tänzer und ließen sie in Trance fallen; sie wurden besessen von einer Gottheit, welche es war, erkannte man an den Gesten und Zeichen, die ihr zugehören."

Der Zweck dieser Tanzzeremonie ist es, die Tänzer und Tänzerinnen in Trance zu bringen, in einen Zustand, in dem sie von einem der Orischas besessen werden. Die Orischas, die ursprünglich die Ahnen der Yoruba waren, sind Sinnbild für die Lebenskraft Gottes in allen Lebewesen, die von den Vorfahren auf die Nachkommen immer wieder von neuem übertragen wird. Die Orischas symbolisieren als die Ahnen somit die Urlebenskraft. Durch den Trance-Tanz, bei dem der Tänzer von einem bestimmten Orischa besessen wird, kann er in besonderem Maße von dieser Kraft profitieren.

Dazu schreibt Janheinz Jahn: „Und wer die Orischas verehrt und ihnen dient, indem er sie in sich verkörpern läßt, empfängt nicht nur Lebenskräfte, sondern stärkt auch seinerseits die Orischas. Das Yorubawort für Anbetung ist *Sche Orischa:* den Gott schaffen." Diese Wechselwirkung der Kräfte kann jedoch nur während der Tanzzeremonie stattfinden, an der die ganze Gemeinschaft beteiligt ist. Durch die Mithilfe und durch das Zusammenwirken aller Mitglieder einer Gemeinschaft werden einzelne Personen gestärkt und das wiederum stärkt die Gemeinschaft in sich. Wie die ganze Gemeinschaft um das Wohl des in Trance gefallenen Tänzers besorgt ist, kommt auch in einem Lied zum Ausdruck, das aus Senegal stammt und in Wolof, einem Dialekt des gleichnamigen Volkes, gesungen wird: *Latimoso, bailenko nan barogeare – Latiodenroi, bailenko nan barogeare.* Mit diesem Lied ergeht ein Aufruf, dem soeben gestürzten Trance-Tänzer namens Latimoso (bzw. Latiodenroi) Wasser zu reichen.

In Afrika ist der Tanz, ganz gleich aus welchem Anlaß, schon immer ein gemeinschaftliches Ereignis. Auch wenn auf Festen und in der Disco die moderne afrikanische Musik aus der Konserve erklingt und der Kassettenrekorder das Trommelspiel zum Teil verdrängt hat: Die traditionellen Grundelemente des afrikanischen Tanzes existieren noch immer. Dasselbe ist in der afrikanischen Musik zu beobachten. In ländlichen Gegenden wird noch zur Trommel getanzt und handbeschriebene Kartons und Plakate laden zum Tanz auf dem Dorfplatz mit Sabar und Djembe ein, und in den Städten ist es selbstverständlich, eine Straße in einen Tanzplatz umzugestalten. Selbst bei einem städtischen Fest in Dakar, das aus keinem überlieferten Brauch heraus abgehalten wird und zu dem die Gäste wie zu einer Party geladen sind, wird jeder Teilnehmer durch den Tanz, an dem sich viele Gäste hauptsächlich durch Solotänze beteiligen, Mitglied einer großen Gemeinschaft.

Im traditionellen afrikanischen Tanz gibt es keine Zuschauer, oder genauer, keine passiven Zuschauer, die ausschließlich konsumieren. Wer nicht mittanzt, der klatscht oder klopft mit kleinen Hölzchen den Rhythmus. Applaus und Zurufe zeigen nicht nur, daß einem die Darbietung gefällt, sondern sie sind Beteiligung am Tanzgeschehen selbst. Diesen Unterschied zwischen den afrikanischen Tanzdarbietungen bei einem Tanzfest und einer westlichen Tanzaufführung habe ich selbst am Verhalten der Beteiligten bzw. der Zuschauer erlebt. Wenn ich vor deutschem Publikum meine eigenen Stücke, also nicht afrikanisch, tanze, fühle ich mich sehr allein auf der Bühne. Ich allein bin verantwortlich für meinen Tanz. Und wenn ich meinen Blick ins Publikum wende und einigen Leuten gezielt ins Gesicht schaue, um ihre Reaktion wahrzunehmen, schauen sie meistens erschreckt weg. Erst ganz am Schluß, wenn der Tanz beendet ist, kann man am Applaus ungefähr einschätzen, ob es den Leuten gefallen hat. In dem Moment fühle ich mich aber meist noch viel weiter weg von "denen da draußen".

Ganz anders war mein Gefühl, als ich bei einem Fest, das Cheikh in Dakar veranstaltete, mit anderen Schülerinnen zusammen traditionelle Tänze aufführte. Die Leute schauten mir ins Gesicht, sie klatschten und riefen mir und den anderen europäischen Tänzerinnen anspornende Worte zu. „Los! Komm! Du kannst es noch besser! Sehr gut! Super!"

Eine Welle von Sympathie und Energie kam mir entgegen. Ich vergaß mein zwiespältiges Gefühl, als Europäerin vor afrikanischem Publikum afrikanisch zu tanzen, ich hatte überhaupt nicht das Gefühl, vor Publikum zu tanzen, ich tanzte einfach, tanzte und hatte wahnsinnigen Spaß.

Es war das wunderbare Gefühl, durch den Tanz akzeptiert und in eine Gemeinschaft aufgenommen zu werden, die mir eigentlich fremd ist. Der Tanz in Afrika ist echte Kommunikation, und er spricht eine wunderbar verbindende Sprache.

Eine kleine Tanzreise nach Westafrika
in Wort und Bild

Griot, erzähl, erzähl mir deine Geschichte...

Folge mir, folge mir ohne Angst, ohne Zögern, komm –
folge mir auf eine lange Reise durch Afrika:
Lausche eher den Stimmen der Dinge als denen der Menschen
höre die Stimme des Feuers
lausche der Stimme des Wassers
horche in dem Wind
höre des Schluchzen des Gebüsches
es ist der Atem unserer Vorfahren
die, die starben, haben uns nie verlassen
die, die starben, liegen nicht unter der Erde
sie sind in dem Schatten, der sich erhellt
und in dem Schatten, der sich verdunkelt
sie sind in dem Baum, der rauscht
sie sind in dem Wald, der seufzt
sie sind in dem Wasser, das fließt
sie sind in dem Wasser, das ruht
sie sind in der Hütte
sie sind in der Menge
lausche eher den Stimmen der Dinge als denen der Menschen
höre die Stimme des Feuers
lausche der Stimme des Wassers
horche in den Wind, höre das Schluchzen des Gebüsches
es ist der Atem unserer Vorfahren
die, die starben, haben uns nie verlassen
die, die starben, liegen nicht unter der Erde
sie sind im Schoß der Frau
sie sind in dem Kind, das wimmert
sie sind in dem Holz, das sich entzündet
sie sind in dem Felsen, der ächzt
sie sind in dem Feuer, das erlischt
sie sind in den Bäumen, die weinen
sie wiederholen jeden Tag den Packt, der bindet
der große Pakt, der unser Geschick an das Gesetz bindet
das Geschick unserer Toten
die nicht tot sind,
die nicht gegangen sind,
die nicht unter der Erde liegen

Ich bin auf dem Erdboden geboren.

Cheikh, Sommer 90

Ein Bauer aus Mali erzählt:

„Wenn man gut arbeiten und ernten kann, hat man genug zu essen. Dann gibt es Feste, und man geht in die anderen Dörfer. Dort gibt es zu trinken, und man spricht lange mit allen Leuten, und dann geht man wieder nach Hause.“

„Drei göttliche Wesen nahmen uns unsere Sorge ab,
es waren Trommel, Tanz und Gesang.“

Amos Tutuola

SALL

Ich hab dir ein Lied gesponnen
(für zwei Flöten)

Ich hab dir ein Lied gesponnen, süß wie das
Mittagsgurren der Taube
Und mein dreisaitiges Khalam hat mich dünn begleitet.
Ich hab dir ein Lied gewebt und du hast mich nicht gehört.
Ich habe dir wilde Blumen gereicht deren Duft geheimnisvoll ist
wie die Augen des Zauberers
Und ihre Pracht ist so vielfältig wie die Dämmerung zu Sangomar.
Ich hab dir meine wilden Blumen gereicht. Wirst du sie verwelken lassen
Während du mit den Eintagsfliegen spielst?

Léopld Sédar Senghor

„Ich kann Euch natürlich Eure Interessen nicht diktieren, aber ich bin sicher, daß Euer Leben sehr viel ärmer sein wird, wenn Ihr nicht lernt, die Musik zu lieben."

Kenneth Kaunda
aus: „Briefe an meine Kinder"

Sweet Mother

Sweet Mother, ich werde dich nicht vergessen
Für das Leid, das du für mich erleidest.
Sweet Mother, ich werde dich nicht vergessen
Für das Leid, das du für mich erleidest.

Wenn ich weine, trägt mich meine Mutter.
Sie sagt dann, weshalb weinst du, mein Kind?
Hör auf, hör auf,
weine nicht mehr.

Wenn ich schlafen will, bringt mich meine Mutter zu Bett.
Sie legt mich bestens ins Bett.
Sie deckt mich mit einem Tuch zu und sagt, schlaf ein,
Mein Kind, schlaf ein.

Wenn ich Hunger habe, läuft meine Mutter hin und her,
Bis sie etwas für mich zu essen gefunden hat.
Sweet Mother, oh Sweet Mother.
Sweet Mother, Sweet Mother.

Wenn ich krank bin, weint meine Mutter sehr.
Wenn ich sterbe, sagt sie, werde sie sterben, auf der Stelle.
Sie bittet Gott, Gott helfe mir,
Gott hilf meinem Kind.

Oh meine Mutter!

Du kannst dir eine andere Frau suchen,
Du kannst dir einen anderen Mann suchen,
Aber kannst du dir eine andere Mutter suchen? Eine Mutter, nein.

Meine Mutter ist groß,
Größer als die ganze Welt.

Prince Nico Mbarga und Rocafil Jazz

ALASKA
SPORT - DRESS

Aber der Ruf des Tam-Tams
springt daher
über Berge
und
Kontinente

Wer besänftigt mein Herz
Beim Ruf des Tam-Tams
der da springt
voller Wucht
und mich sucht

Léopold Sédar Senghor

Die Trommeln dröhnen
und die schwarze Jugend
wirbelt den Staub auf
und tanzt vor Lebensfreude,
vor Übermut, vor Stolz.
Man wetteifert
und neckt sich gegenseitig
und fordert alle heraus.

Okot p'Bitek

Der schwarze Vogel
setzte sich auf die Beton-Welt
als er den kleinen Kopf hob und mich ansah
sah ich den weißen Fleck am Hals
doch
bevor ich ihn näher betrachten konnte
flog er davon

ließ mich, den Bewunderer
und die stützende Mauer
warten
jeden Morgen kommt er
sich darzustellen
für ein paar Minuten
die Mauer zu kränken
Dung-Spritzer als Geschenk
wendet er mir den Rücken
und fliegt anmutig davon
in einen sonderbaren Winkel

dann
ist sein Schwanz ein entfernter Punkt
der mir Adieu sagt
ich kann nur lächeln
und mir die Tränen vom Gesicht wischen
auf ihn warten
diesen schwarzen Vogel
den schönen
indem ich
mich selbst erkenne

Zindzi Mandela

Ein junges Mädchen aus Joal erzählt:

„Ich liebe es sehr, zu tanzen – Samstag oder Sonntag – auf der Straße, mit der Sabar. Ich habe es durchs Zuschauen gelernt. Die Bewegungen sind sehr schnell, und man darf nicht faul sein bei diesem Tanz. Meine Eltern sehen es gerne, wenn ich tanze.“

Die jungen Mädchen der Senufo rufen ihre Freundinnen zum Tanz auf:

„Kommt Mädchen, wir werden etwas erzählen!“

...denn für Afrika bedeutet der Tanz das Leben. Tausende von Jahren sind nur wie ein einziger langer Tanz mit vielen Figuren gewesen...

Keita Fodeba

„Es gibt viele Klänge, die wir nicht gehört haben, die die Vögel aber kennen. Es gibt viele Rhythmen, die wir nicht gehört haben, die die Bäume aber kennen. Es sind nicht nur die Klänge in der eigenen Umgebung."

Obo Addy

„Wir haben die Erde unter den Füßen und der weite Himmel ist überall. Kommt, tanzen wir weiter, mit Gefühl, mit Feinheit und mit dem ganzen Herzen."

Cheikh

Tanztechnik

Auch diesem Kapitel soll etwas aus den Berichten des blinden Ogotemmeli vorangestellt werden, sie sogar die Ursprünge der Tanztechnik nachvollziehbar werden lassen.

An anderer Stelle konnten wir schon erfahren, welche Gestalt die von Gott gezeugten Zwillingswesen gehabt haben. „Gott hat sie wie aus Wasser geschaffen. In grüner Farbe, in Gestalt von Mensch und Schlange. Vom Kopf bis zu den Hüften waren sie menschlich, darunter schlangenförmig.“ Über die Tanzbewegungen eines derartig gestalteten göttlichen Wesens sagt Ogotemmeli: „Er tanzte mit dem Oberkörper, aufgerichtet auf seinem Schlangenschweif.“ Über die auf diese Weise begründeten Tanzbewegungen und wie sie von den Menschen übernommen und ausgeführt wurden, erzählt Ogotemmeli weiter: „Ursprünglich tanzten die Menschen auf der Stelle, drehten sich um sich selbst oder ahmten die Schwimmbewegungen (des Nommo) nach. Aber diese Bewegungen waren ermüdend. Nach und nach rührte man sich von der Stelle, indem man die Beine bewegte. Man ahmte den langsamen Gang des Chamäleons nach, das alle Farben des Nommo empfing, also den Regenbogen. Dann wurden die Bewegungen schneller.....Dann sprangen die Menschen und ließen ein Bein nach dem anderen in die Luft schnellen. Das Bein, das man ausstreckt, während man sich in der Luft befindet, ist der Reptilschwanz, auf dem das Nommo sich aufgerichtet hatte.“ Und zur Ausführung all dieser Tanzformen berichtet der Autor, der die Weisheiten Ogotemmelis niedergeschrieben hat: „Es liegt eine große Vollendung in diesen Urfiguren, die zugleich die einfachsten sind.“

Die Wellenbewegung vom Bauch in die Beine

Im traditionellen, afrikanischen Tanz ist die Wellenbewegung der Auslöser für unzählige Tanzbewegungen. Das Erlernen dieser Wellenbewegung wird erleichtert, wenn sie in Kombination mit einer bestimmten Beinbewegung ausgeführt wird. Diese Beinbewegung ist auch ein Grundbestandteil in den Choreographien von Cheikh Tidiane Niane.Im erläuternden Text zu den Choreographien habe ich für diese Beinbewegung, den Ausdruck "mit dem Fuß auftreten" gewählt. Dies ist aber nur das deutlich sichtbare Endprodukt dieser Bewegung, welches durch das Abheben und wieder Aufsetzten des Fußes bewirkt wird. Der Auslöser dieses Bewegungsablaufes entsteht aber im Körper, d. h. im Bauch und er endet nur in dieser Position, um erneut zu beginnen.

Die Beinbewegung "mit dem Fuß auftreten" wird gleichzeitig mit der Wellenbewegung folgendermaßen ausgeführt: Die Beine parallel in bequemem Abstand zueinander plazieren. Die Knie leicht beugen und locker federn. Der Körper ist entspannt und leicht nach vorne geneigt. Jetzt den Bauch einziehen und dem Bein freien Lauf lassen. Das bedeutet: Das Bein hebt sich durch das Einziehen des Bauches wie von selbst. Jetzt den Bauch locker lassen, dadurch schiebt er sich leicht nach vorne, und das Bein sinkt durch die Entspannung wieder zu Boden. Der Fuß setzt weich und mit der ganzen Sohle gleichzeitig auf – ein Genuß –, dann erneut den Bauch einziehen und ohne Unterbrechung von neuem beginnen. Das Bein wird angezogen, nur um wieder zur Erde zurückzukehren. Das Hochziehen des Beins ist schnell, das Zurückkehren dagegen langsamer und betont. Im Kapitel "Der Rhythmus" wird die besondere Atmung zu diesem Bewegungsablauf beschrieben. Sie fördert die richtige Betonung der Beinbewegung und bewirkt so ihre Dynamik und ihren Rhythmus.

Den Auslöser dieser Bewegung, das Einziehen des Bauches, können Sie leicht erlernen. Nehmen Sie die beschriebene Ausgangsposition ein und schlagen Sie sich leicht mit der Hand auf den Bauch. Stellen Sie sich vor, daß es jemand anderes wäre, der dies tut. Das Ausweichen und somit Einziehen des Bauches mit der damit verbundenen Anspannung und das daraus entstehende Anziehen des Beines entsprechen annähernd dieser Bewegung. Sie sollten dabei beachten, daß Sie nicht vor Schreck kurz einatmen, sondern in diesem Moment die Luft aus dem Köper herauslassen. Dieses Beispiel ist für Anfänger gedacht. Tänzerinnen und Tänzer, die schon eine gewisse Routine entwickelt haben, sollten versuchen, den Bauch nach hinten und wieder nach vorne zu schieben.

Beim Tanzen brauchen Sie sich natürlich nicht vorzustellen, daß Sie sich auf den Bauch schlagen. Die Trommel wird den Weg bestimmen. Lassen Sie sich vom Rhythmus tragen, ohne viel über die genaue Bewegung nachzudenken. Verwenden Sie nicht zu viel Kraft beim Tanzen. Die Führung der Trommel und das bewußte Berühren des Erdbodens lassen eine immer wiederkehrende Energie aus der Erde in Ihnen aufsteigen. Es ist sinnvoll, diese Bewegung sehr langsam und bewußt zu lernen. Durch längeres Üben mit einem einfachen Rhythmus wird der Ablauf mit der Zeit immer vertrauter und kann dann auch sehr schnell getanzt werden. Zu Übungszwecken in verschiedenem Tempo eignen sich besonders die Rhythmen des *Vogeltanzes* (langsam) und des *Tanzes der Armen* (schnell). In den hier aufgezeichneten Choreographien wird die Bewegung "mit dem Fuß auftreten" mal sehr langsam und mit weichem Aufsetzen des Fußes getanzt oder aber in schnellem Tempo, sodaß das "Auftreten des Fußes" einem federnden Stampfen gleichkommt. Dies kann bei den schnellen, stampfenden Beinbewegungen beobachtet werden, die besonders im Sahelgebiet getanzt werden. Die Wellenbewegung wird hierbei auf Grund des schnellen Tempos nicht mehr in vollem Umfang ausgeführt. Von den Afrikanern wird diese Bewegung oft so schnell getanzt, daß es fast nicht mehr möglich ist, das rechte vom linken Bein zu unterscheiden, geschweige denn eine Schrittfolge zu erkennen.

Wir verfolgen den Weg der Wellenbewegung durch unseren Körper vom Bauch in die Beine und begegnen als nächster Körperpartie dem Becken. Die Bewegung des Beckens ist ein leichtes Vor- und Zurückschwingen, das ebenfalls seinen Ursprung im Einziehen und Entspannen des Bauches hat. Diese Fortführung der Wellenbewegung wird leicht und ohne Anstrengung getanzt. Dies ist nur möglich, wenn die Knie locker federn und der ganze Körper frei von andauernder Anspannung ist. Dieses Schwingen des Beckens wird oft als eine Beckenisolation betrachtet und mißverstanden. Cheikh bezeichnet sie aber auf klare Weise mit: „Den Bauch nach hinten, den Bauch nach vorne.“ Eine ähnliche Unterweisung erteilt Germaine Acogny, in dem sie sagt: „Den Körper vom Nabel aus nach vorne schieben.“ Selbstverständlich gibt es im afrikanischen Tanz auch isolierte Bewegungen. Auf diese wird in einem späteren Kapitel noch gesondert eingegangen.

Die Berührung des Fußes mit dem Erdboden beendet die Wellenbewegung. Dies geschieht in der gelösten Phase der Welle. Es ist ein Augenblick, in dem man offen und aufmerksam sein kann, für die Kontaktaufnahme mit dem Boden. Aus dem Bewußtsein für diesen Augenblick entsteht die Energie für die neu beginnende Welle. Wenn Sie beim Üben der beschriebenen Beinbewegung locker und entspannt sind, können Sie die ständige Schwingung der ganzen Wirbelsäule, vom Becken bis in den Kopf spüren. Diese Wellenbewegung ist die "Antriebsachse" für zahlreiche Bewegungen im afrikanischen Tanz.

Beim Gehen ist die Wellenbewegung besonders weich und ohne Anfang und Ende spürbar. Auch hier löst das Einziehen des Bauches, wenn auch nicht so stark ausgeführt, den Schritt nach vorne aus. Besondere Sorgfalt gilt dem bewußten Aufsetzen des ganzen Fußes. Stellen Sie sich vor, Sie gingen auf natürlichen Boden, z. B. auf Sand, und wollten die Oberfläche des Bodens mit der ganzen Sohle erfühlen. Lassen Sie die Arme und den Oberkörper ganz natürlich mitschwingen. Dieses Gehen wird in den choreographischen Erklärungen zum Arbeitstanz noch einmal genau beschrieben. Auf diese Weise gehen die afrikanischen Frauen auf der Straße und selbst wenn sie riesige Schüsseln mit Wasser auf dem Kopf tragen, verliert ihr Gang nichts von der fließenden Gleichmäßigkeit und Präsenz. Gehen oder Tanzen, wo ist der Unterschied?

Die Wellenbewegung vom Bauch in den Kopf

Nachdem wir durch unseren Weg vom Bauch über die Beine und weiter bis in die Füße innigen Kontakt mit dem Boden aufgenommen haben und dadurch fest mit der Erde verbunden sind und der Körper somit stabilisiert ist, können wir den Weg in die andere Richtung wagen – nach oben, bis über unseren Körper hinaus in die Luft, in den weiten Raum.

Konzentrieren wir uns zunächst auf den Brustkorbbereich.

Die Wellenbewegung wird in vielen afrikanischen Tanzbewegungen im Bereich des Brustkorbs verstärkt ausgeführt. Die einfachere Form ist das Vor- und Zurückschieben des Brustkorbs. Dies können Sie ohne besonderes Dazutun beim Ausführen der Welle an sich beobachten. Stellen Sie sich locker in die Ausgangsposition und starten Sie die Körperwelle durch Einziehen des Bauches. Durch diesen Impuls schiebt oder wölbt sich der Brustkorb mit geringer Verzögerung nach hinten. Entspannen Sie jetzt den Bauch und schieben Sie ihn leicht nach vorne. Jetzt werden Sie beobachten, daß sich der Brustkorb nach vorne öffnet.

Eine betonte Variante der Welle im Bereich des Brustkorbs ist die Brustkorbrotation. Hierbei wird das Vor- und Zurückschieben des Brustkorbs zu einer kreisenden Bewegung. Versuchen Sie dieses Kreisen zunächst sehr vorsichtig auszuführen und vergessen Sie nicht, daß der auslösende Impuls aus dem Bauch kommt. Stellen Sie sich vor, mit dem Brustbein einen Kreis um die Längsachse des Körpers zu beschreiben. Schieben Sie also das Brustbein zuerst leicht nach oben, dann nach vorne, weiter nach unten in Richtung Taille und schließlich nach hinten und beginnen Sie den Kreis von neuem. Vergessen Sie dabei nicht, tief und genußvoll zu atmen. Die Atmung unterstützt die Bewegung und die Bewegung bestimmt den Atemrhythmus. Atmen Sie beim Öffnen des Brustkorbs ein und achten Sie besonders auf ein tiefes Ausatmen beim Nach-hinten-schieben des Brustbeins.

Auch der Kopf kann durch diese starke Schwingung der Wirbelsäule in die Bewegung integriert werden. Versuchen Sie Hals und Kopf während der Brustkorbrotation sehr locker zu halten. So folgt der Kopf der Welle mit einiger Verzögerung als letztes Glied einer Kette von Rückenwirbeln.

Auch die Arme sollten auf unserem Weg vom Bauch in den Kopf nicht vergessen werden. Armbewegungen, die ihren Impuls aus der Welle beziehen, sind eher selten. Der Impuls wird dabei über die Brustkorb- und Schulterrotation an die Arme weitergegeben. Häufiger sind isolierte Armbewegungen. Sie reichen von unkontrolliertem Werfen, über Kreisen, bis hin zu feinem, anmutigen Schwingen.

Wird die Brustkorbrotation langsam und gleichmäßig ausgeführt, so erinnert sie an das Öffnen und Schließen einer Blüte. Integriert in eine Tanzbewegung und mit unterschiedlichem Tempo getanzt, bekommt das Kreisen des Brustkorbs durch den Rhythmus der Trommel einen Akzent, eine bestimmte Betonung. So bestimmt der Rhythmus auch den Ausdruck einer Tanzbewegung.

Zum Schuß möchte ich deshalb noch einmal wiederholen: Hören Sie auf die Trommel, lassen Sie sich vom Rhythmus führen und denken Sie nicht zu viel an die technischen Anweisungen. Tanzen Sie mit Freude und Hingabe!

Von der Kraft aus dem Bauch

Zusammenfassend seien zum Abschluß noch einmal die beiden wichtigsten Elemente des Bewegungsablaufes genannt, die im afrikanischen Tanz die Kräfte in Bewegung setzen und zum Fließen bringen.

Wie wir erfahren haben, ist es zum einen der innige Kontakt der Füße mit dem Erdboden und zum anderen die Wellenbewegung der Wirbelsäule, die ich die "Antriebsachse" unzähliger afrikanischer Tanzbewegungen genannt habe. Das rhythmische Zusammenspiel dieser beiden Kräfte läßt den Tanzenden seine Körpermitte spüren. Die Körpermitte, der Bauch, ist gleichzeitig das Zentrum der Bewegungsdynamik.

Das intensive Bewußtsein der Verbindung der Körpermitte mit dem Erdboden stabilisiert, stärkt und entspannt den Körper beim Tanzen, so daß alle Bewegungen leicht und ohne bewußte Anstrengung und Anspannung getanzt werden können.

Besonders bei sehr schnellen Bewegungen der Arme und Beine ist eine gute Stabilisierung des Körpers wichtig. Dies geschieht, indem der Oberkörper stärker nach vorne geneigt wird, was eine intensive Orientierung zur Erde bewirkt. Eine dauernde Anspannung zur Aufrechterhaltung des Gleichgewichts wird so überflüssig und die ganze Kraft kann in den Rhythmus und den Ausdruck fließen.

Dieses Tanzgefühl kann jeder, der afrikanischen Tanz lernt, immer wieder erleben. Trotz großer körperlicher Anstrengung erlebt man den Tanz als stärkend und erquickend. Wohl auch deshalb, weil die Zentrierung des Körpers nicht bewußt hergestellt werden muß, sondern weil sie sich beim Tanzen wie von selbst einstellt.

Die Wellenbewegung vom Bauch in die Beine

Bauch einziehen

Bauch einziehen und
Bein anheben

Bauch lockerlassen

Bauch lockerlassen und
Fuß aufsetzen

Die Wellenbewegung vom Bauch in den Kopf

Die Welle im Brustkorbbereich
verstärkt fortgesetzt.

Die Welle läuft gleichmäßig
durch den ganzen Körper.
Becken und Kopf schwingen mit.

Die isolierte Bewegung

Was ist eine isolierte Bewegung und welche Bedeutung hat sie im afrikanischen Tanz? Unter dem Wort isolieren versteht man abtrennen, vereinzeln. Auf eine Tanzbewegung bezogen bedeutet dies, daß isolierte Bewegungen getrennt vom "restlichen" Bewegungsablauf ausgeführt werden.

Auf jeden Fall nehmen isolierte Bewegungen ihren Impuls und ihre Kraft nicht aus der Wellenbewegung. Sie werden getrennt davon "angesteuert", d.h. sie besitzen ihre eigenen Zentren. So ist es möglich, gleichzeitig mit der Wellenbewegung als sogenanntem Hauptzentrum, eine oder mehrere Isolationen mit eigenen Bewegungszentren auszuführen. Außerdem gibt es im afrikanischen Tanz auch viele Bewegungsabläufe, die nur aus verschiedenen Isolationen bestehen und bei denen keine Wellenbewegung erkennbar ist.

Am einfachsten läßt sich die Technik der Isolation an einem Beispiel erklären. Die anschließend beschriebene Tanzbewegung aus dem Gebetstanz *Maibo* von Cheikh eignet sich hierfür besonders gut.

Die Füße parallel und im bequemem Abstand zueinander plazieren. Den Körper etwas nach vorne neigen und die Knie leicht beugen. Legen Sie nun die Hände mit den Handrücken in die Taille. Dadurch stehen die Arme bzw. die Ellenbogen genau zu beiden Seiten wie zwei Henkel ab. Lassen Sie sich jetzt gelöst von der Welle schwingen ohne die Beine zu bewegen und halten Sie besonders den Schulterbereich locker, so beginnen die beiden "Henkel" von alleine rhythmisch vor und zurück zu federn. Führen Sie die Welle so aus, daß das Nach-vorne-federn der Arme betont wird.

Zu dieser in sich ruhenden Bewegung kommt nun eine isolierte Bewegung hinzu. Setzen Sie das gestreckte rechte Bein mit angewinkeltem Fuß (flex) mit der Ferse seitlich auf den Boden auf, und bringen Sie es nach einigen Wellenbewegungen zurück in die Ausgangsposition. Das linke Bein bleibt solange gebeugt. Führen Sie nun dieselbe Bewegung mit dem linken Bein aus. Sie werden jetzt deutlich spüren, daß Sie das Bein mit dem Schwung und der Kraft der Welle nicht in der gewünschten Weise in Bewegung bringen können. Eine separate Kraft ausschließlich für die Beinbewegung wird nötig. In diesem Fall muß diese Kraft so zu sagen eine Etage tiefer eingesetzt werden.

Die Beschreibung der Maibo-Tanzbewegung ist jedoch noch nicht vollständig. Der rhythmische Ablauf ist wie folgt: das rechte Bein im Flex seitlich aufsetzten und innehalten, dabei gleichzeitig zweimal mit der Welle und den Armen federn. Dann das Bein wieder parallel in Ausgangsposition bringen und wieder gleichzeitig zweimal federn. Derselbe Ablauf wird zur linken Seite wiederholt und ebenfalls das

Zurückkehren in die Ausgangsposition. Für diesen Ablauf: rechte Seite – Mitte – linke Seite – Mitte wird für das Arme-Federn auf acht gezählt, für das Aufsetzen des Fußes jedoch nur auf vier. Die Armbewegung ist also doppelt so schnell.

An diesem Beispiel wird deutlich, daß die Isolation durch das unterschiedlich getanzte Tempo der einzelnen Bewegungszentren verstärkt zum Ausdruck kommen kann. Hierzu finden sich unzählige Variationen verschiedenen Schwierigkeitsgrades. Isolierte Bewegungen, mit unterschiedlichem Tempo getanzt, sind ein typisches Merkmal im traditionellen afrikanischen Tanz.

Typisch ist es auch, daß Anfänger besonders bei diesen Bewegungen in Schwierigkeiten geraten. Beim Lernen einer neuen Bewegung ist es nur allzu verständlich, daß Schülerinnen und Schüler sie zuerst gedanklich aufnehmen möchten. Dies ist bei den eben besprochenen Bewegungen nur schwer möglich. Es ist besser, nicht zu viel dabei zu denken und vor allem langsam anzufangen und erst nach einer gewissen Verinnerlichung das Tempo zu steigern.

Gerade die Maibo-Bewegung eignet sich für Anfänger zum Vertrautwerden mit dem afrikanischen Tanzstil. Außerdem kann sie im Unterricht gut als Übergang vom Aufwärmen zum eigentlichen Tanzen eingesetzt werden. Sie lockert und fördert die Aufmerksamkeit für das Schwingen im Körper. Genausogut, kann sie nach dem Tanzen, bzw. nach großer Anstrengung zur Entspannung und zum Ausklingen für Kreislauf und Muskeln dienen. Die hier beschriebene Maibo-Bewegung ist die erste Bewegung eines ganzen Tanzes von Cheikh, zu dem es auch ein Lied gibt. Versuchen Sie einmal, nur die beschriebene Bewegung zu tanzen und gleichzeitig folgendes Lied zu singen*:

* Die Erläuterung zum Lesen der Notation für die Trommeln finden Sie auf den Seiten 112/113

Der Text des Liedes ist eine Bitte an die Pristerin *Maibo Mama,* mit dem Gott *Maibo* Kontakt aufzunehmen und um Hilfe zu bitten.

Isolationen werden im afrikanischen Tanz mit allen Körperteilen ausgeführt. Kopf, Schultern, Arme, Hände, Brustkorb, Becken, Beine und Füße können, zum Teil noch einmal in sich untergliedert, isoliert bewegt werden.

Besonders schwierig fallen zunächst gegenläufige Isolationen, bei denen z. B. ein Arm nach oben und gleichzeitig ein Arm nach unten bewegt wird. Noch ungewohnter sind uns isolierte Schüttelbewegungen oder Vibrationen. Sie werden entweder mit dem Schultergürtel und Brust oder aber mit Becken und Pobacken ausgeführt. Sie können von den jeweiligen Zentren den ganzen Körper durchlaufen. Solche ungewohnten Bewegungen in Wort und Bild erklären zu wollen, ist leider sehr wenig zufriedenstellend. Deshalb haben wir in den choreographischen Abläufen auf solche Bewegungen verzichtet. Selbst im Unterricht endet das erstmalige Üben solcher Schüttelbewegungen oft mit Gelächter. Wer ist es schon gewohnt seine Pobacken ungeniert wackeln zu lassen...

Um das Thema Isolation zu vervollständigen, hier noch ein kurzer Blick in die Tanzgeschichte: Durch den Jazz-Dance, der sich in den letzten Jahren in Europa etabliert hat, ist die Isolationstechnik bei uns bekannt geworden. Sie bildet den Grundstein der Tanztechnik im Jazz-Dance. Ihr Ursprung aber findet sich im traditionellen afrikanischen Tanz. Der bis ins letzte Jahrhundert andauernde Menschenhandel brachte die traditionellen Tänze von Afrika nach Nord- und Südamerika. In Südamerika entstanden im Laufe der Zeit Rumba, Samba usw. In Nordamerika entwickelte sich daraus unter anderem der Jazz-Dance. So erreichten uns die afrikanischen Tanzelemente zunächst auf Umwegen.

Beckenisolation
nach vorne

Beckenisolation
zur Seite

Kopfisolation nach hinten

isolierte Beinbewegung

Die Atmung

Das letzte Kapitel des Abschnittes "Tanztechnik" ist der Atmung gewidmet. Dies soll auf keinen Fall den Eindruck erwecken, daß die Atmung eine untergeordnete Position einnimmt. Ganz im Gegenteil!

Das für den afrikanischen Tanz typische Gefühl kann nur in vollem Umfang spürbar werden, wenn der Atmung die entsprechende Beachtung zuteil wird.

Die Technik an sich ist einfach und funktional und gleicht der Atemtechnik moderner Tanzstile.

Das Ausatmen erfolgt beim Einziehen des Bauches (Kontraktion), beim Beugen des Rumpfes und bei der Brustkorbisolation nach hinten, um die drei häufigsten Bewegungselemente zu nennen. Hier werden die Lungen von selbst zusammengepreßt und das Ausatmen unterstützt. Beim Entspannen als Folge der Kontraktion, beim Aufrichten des Körpers und beim Öffnen des Brustkorbs wird eingeatmet. So unterstützt die Bewegung die Entfaltung der Lungen. Dem wäre noch hinzuzufügen, daß bei kurzzeitiger großer Anstrengung ausgeatmet werden sollte.

Dies sind sehr grob umrissen die anatomisch begründeten Grundmuster der Atmung. Sie dienen lediglich der Orientierung und gerade im afrikanischen Tanz sollten Sie nicht auf Schritt und Tritt an diese Vorgaben denken. Wenn Sie das Gefühl haben, daß Ihre Atmung nicht zum Bewegungsablauf paßt oder wenn Sie sich durch irgend etwas in der Bewegung blockiert fühlen, dann kann es eine Hilfe sein, Ihre Atmung im Hinblick auf die genannten Angaben noch einmal zu überprüfen. Das gleiche ist ratsam, wenn Sie beim Tanzen schnell ermüden.

Eine besonders schöne Möglichkeit, die Atmung zu harmonisieren, ohne direkt an das Atmen zu denken, ist das Singen während des Tanzens. Durch das laute Singen, das besonders das Ausatmen unterstützt, wird die Atmung von ganz alleine der Bewegung angepaßt.

Die angemessene Atmung ist ein wichtiger Kraftspender im afrikanischen Tanz. Nur bei optimaler Atmung ist es möglich, auch stundenlang zu tanzen. In der Atmung manifestiert sich der Rhythmus und dies gilt gleichermaßen für Tänzer und Trommler.

Um eine gute Atmung zu entwickeln, sollten Sie sich entspannt auf ihren eigenen Körper einstellen. Dieser Zustand ist sehr schwer zu beschreiben, deshalb hier noch ein paar Anhaltspunkte:

Tanzen Sie zunächst eine einzelne Tanzbewegung über längere Zeit und in gleichbleibendem Rhythmus und Tempo. Atmen Sie dabei genußvoll und stark aus, und zwar mit offenem Mund und deutlich hörbar. Dadurch können Sie sich von vielem befreien, was Sie belastet oder einengt. Kopf und Körper werden auf diese Weise frei für den Tanz und Sie sind bereit, den Rhythmus und die Idee der Tanzbewegung vollkommen aufzunehmen.

Zunächst erreichen Sie durch die Wiederholung einer einzelnen Tanzbewegung Gelöstheit und Entspannung im Körper und Sie brauchen mit der Zeit nicht mehr an den genauen Bewegungsablauf und an die Korrektheit seiner Ausführung zu denken. So erzielen Sie ohne Anstrengung einen auf die Bewegung und das Tempo abgestimmten Atemrhythmus und erst jetzt sind Sie wirklich in der Lage, den Ausdruck einer afrikanischen Tanzbewegung entstehen zu lassen. Der Körper kann sich öffnen, und die Gefühle können frei werden. Die richtige Atmung ist ein Weg, der auch im Tanz zu Harmonie und Ausgewogenheit führt.

Lächeln ist Atmen, sagt Cheikh.

Choreographische Wege

Es gibt bestimmte choreographische Wege im afrikanischen Tanz, jedoch sind dies wenige einfache und klare Formen. Die im folgenden beschriebenen typischen Grundformen sind in ganz Afrika verbreitet. Sie werden variiert und kombiniert, und jeder Volkstamm, jede Ethnie, ja, sogar jedes Dorf hat seine ganz bestimmten Tänze.

Im choreographischen Vokabular werden die von mir als "Tanzwege" bezeichneten Formen Raumformen genannt. Damit ist gemeint, daß es sich um die Form des Tanzweges im Raum, bzw. in einem bestimmten, begrenzten Raum handelt. Die Form ist folglich auch auf diesen Raum bezogen oder abgestimmt.

Im Kapitel Erde wurde bereits erwähnt, daß es den Bezug zum begrenzten Raum im afrikanischen Tanz nicht gibt und der Bezug der tanzenden Menschen zu ihrer natürlichen Umgebung ein anderer ist als bei europäischen Tanzstilen. Deshalb halte ich den Begriff Raumformen für die afrikanischen, choreographischen Tanzwege nicht für geeignet, obwohl er in der Literatur von Fachleuten auch auf den afrikanischer Tanz übertragen wird.

Eine typische Grundform afrikanischer Tanzwege ist der Kreis. Schon die Gruppierung der Festgemeinschaft um den Fest- und Tanzplatz ist kreisförmig. Auch bei rituellen Tänzen werden die Beteiligten nach einer bestimmten Platzordnung für Frauen, Männer, Priester, Musiker, Chor usw. kreisförmig angeordnet. Diese Anordnung setzt sich im Kreis der Tanzenden fort. Innnerhalb dieses Kreises können sich die Solotänzer und -tänzerinnen besonderes Augenmerk verschaffen. Im Kreis können beliebig viele Teilnehmer tanzen und sich unaufhörlich fortbewegen. Der Kreis symbolisiert die Gemeinschaft selbst und drückt auch ihre Stärke aus. Wer im Kreis tanzt, gehört dazu.

Eine weitere gebräuchliche Form des Tanzweges ist folgende. Es bilden sich zwei Linien, Schulter an Schulter, die sich gegenüberstehen. Meist besteht eine Linie aus Mädchen und die gegenüberstehende Linie aus jungen Männern. Die beiden Linien tanzen aufeinander zu, oder eine Linie tanzt auf die andere Linie zu, welche auf der Stelle bleibt. Es können auch einzelne Tänzer und Tänzerinnen aus der Linie und aufeinanderzutanzen. Oft endet das Aufeinanderzutanzen auch mit einer kurzen Berührung und darauffolgendem schnellen Zurückweichen oder mit entsprechenden Gesten. Im Tanz haben die jungen Leute nämlich ganz offiziell die Möglichkeit, sich nach einem Partner umzusehen. Daß der oder die Auserwählte besonders gut tanzen können sollte, versteht sich von selbst.

Durch Kreis- und Linienform wird der Tanz also zum gesellschaftlichen Ereignis.

Eine weitere Form des Tanzweges im traditionellen afrikanischen Tanz ist der Zick-Zack-Weg und die Schlangenlinie. Bei den Dogon gibt es sogar einen Tanz der "Zick-Zack-Weg" heißt.

Wie im Kapitel "Der Anfang" gesagt, hat sich das feuchte Wort, das gleichzeitig das Wasser selbst ist, in das Fasergewand eingeschlungen. Das Fasergewand hatte Wellenlinien, die auch den Weg des Wassers darstellten. Der Tanzweg in Form des Zick-Zack-Weges oder der Schlangenlinie ist also nichts anderes, als die Darstellung des Wasserweges. Seien es der Lauf eines Baches oder die immer wiederkehrenden Meereswellen, sie werden in dieser Form dargestellt. Und das Wesentliche dabei ist, daß das Wasser tatsächlich und symbolisch die Lebenskraft bedeutet.

Beim Tanz im Zick-Zack oder in Schlangenlinien stellen sich die Tänzer hintereinander auf. Diese Linie kann so dicht hin und her getanzt werden, daß der ganze Tanzplatz vollständig mit sich vorwärts bewegenden Menschen gefüllt ist.

Eine weitere Form möchte ich noch in einem Atemzug mit dem Zick-Zack-Weg und der Schlangenlinie nennen: Es ist die Spirale. Sie symbolisiert den Weg des zur Sonne aufsteigenden, also des verdunstenden Wassers. Die Spirale symbolisiert den Kreislauf des Wassers als einer immerwiederkehrenden Kraft.

Zum Schluß sollte noch der Solotanz erwähnt werden. Obwohl er eigentlich nicht in die Sparte "Tanzwege" gehört, ist er trotzdem Bestandteil einer Choreographie. Besonders bei Festen, die keinen rituellen Anlaß haben, erfreut sich der Solotanz großen Zuspruchs. Jeder, der Lust und Laune hat, kann sich in die Runde der Festgäste begeben und solange tanzen, bis er dem nächsten Tänzer Platz machen muß, oder, besser gesagt, regelrecht vom Platz verdrängt wird. Je nach Region sind besondere Tänze oder Schrittfolgen "in Mode". Sie werden von den einzelnen Tänzerinnen und Tänzern je nach Alter und Fähigkeit improvisiert. Die Trommler stellen sich mit ihrem Spiel genau auf die Solisten ein. Einen jungen Mann werden sie durch ein gesteigertes Tempo zu Höchstleistungen anspornen, und bei einer Frau in den besten Jahren gehen sie galant in ein langsameres Tempo über.

Bestimmte Tanzwege und Formationen können im Ablauf einer Zeremonie auch eine rituelle Funktion übernehmen. Nicht nur für einen Europäer, sondern auch für afrikanische Tänzer, die nicht mit den Riten aufgewachsen sind, ist der direkte Zugang versperrt und das Wissen darüber verloren, was während der Initiationsriten vermittelt wurde.

Im folgenden Bericht erinnert sich Camara Laye an seine Kindheit und an seine Teilnahme an den Tänzen während der Initiationsriten. Seine einfachen Worte beschreiben den Ablauf des Initiationstanzes *Koba.* „Wir haben begonnen, den Platz zu umschreiten. Unseren ganzen Weg entlang haben sich die Männer bei unserem Näherkommen in Reihen aufgestellt. Wenn der letzte von uns vorbei war, sind sie etwas abseits gegangen und beisammen gestanden, um sich dann neuerdings für unseren Durchzug einzugliedern. Und da wir langsam und mit gespreizten Beinen daherkamen, erinnerte unser Gang an das Gewatschel der Enten. »Koba! Aye Koba, lama!« Die Hecke, welche die Männer bildeten, um uns vorbeiziehen zu lassen, war sehr dicht und lückenlos. Die Frauen dahinter erblickten kaum mehr als unsere hohen Mützen, und die Kinder sahen natürlich auch nicht mehr. In den vorangegangenen Jahren hatte ich nur den obersten Zipfel der Mützen erblickt. Aber das war genug, denn der Koba ist eine Männerangelegenheit. Die Frauen......Nein, die Frauen hatten dabei nichts zu suchen."

Dies ist ein sehr grober Überblick der im traditionellen afrikanischen Tanz gängigen choreographischen Tanzwege, und sicherlich ist deutlich geworden, daß afrikanische Choreographie etwas völlig anderes als europäische beziehungsweise westliche ist. Hierzu qualitative Vergleiche anzustellen wäre unsinnig.

Die Form der afrikanischen Tanzwege ist vor allem Mittel zum Zweck, und sie ist gleichzeitig eine Kunstform, die Tänzer und Tänzerin sowie die ganze Gemeinschaft bekräftigt.

Regionale Unterschiede

Es gibt Wissenschaftler, die für den traditionellen afrikanischen Tanz eine Differenzierung der Stile vorgenommen haben wie z.B. Helmut Günther, der folgende "Stilprovinzen" ausmachte:

- Sudanesischer Stil (Tschad, Mali, Obervolta, Niger, Senegal, Guinea) mit klopfenden und stampfenden Beinbewegungen in vornübergebeuter Haltung.
- Westafrikanischer Stil (Liberia, Elfenbeinküste, Ghana, Togo, Dahomey, Nigaria)mit vorwiegender Beinarbeit und geringem Einsatz von Schulterblättern, Armen und Kopf.
- Zentral-afrikanisch-congolesischer Stil (Nigeria, Kamerun, Gabun, Zaire, Zentralafrikanische Republik, Angola, Sambia) mit Beckenbewegungen aller Art sowie Kopf-, Schulter- und Brustkorbisolationen und den sogenannten shakes, den schnellen und rotierenden Schüttelbewegungen.

Ob diese Einteilung vom Autor als absolut angesehen wird, oder ob er damit nur grobe Richtlinien vorgeben will, geht aus seinen Ausführungen nicht hervor.

Sicher ist sie als Hilfe zu betrachten, sich einen Überblick über vorhandene Bewegungsformen zu schaffen. So schreibt G. Kubik über eine ähnliche Einteilung, die Dauer 1967 vorgenommen hat: „Innerhalb einer spezifischen afrikanischen Tanzkultur besteht oft ein so komplexes Gesamtbild verschiedener Techniken und Bewegungsformen, und ihre Verbreitung ist regional oft so verwoben, daß Dauers Tanzstilareale – so nützlich sie für den Studierenden als Hilfe zu einer ersten Orientierung sind – doch etwas idealisierend und vereinfachend anmuten, wenn man sie der Realität lokaler afrikanischer Tanzpraxis, etwa nur in einem einzelnen Dorf, gegenüberstellt.“

Dies entspricht auch meiner Erfahrung und ebenso trifft es auf die Tänze von Cheikh zu. Die Bewegungsformen jedes einzelnen Tanzes stammen aus einer bestimmten Region. Sie enthalten jedoch eine Vielfalt von Bewegungen, die allen der oben beschriebenen Stilprovinzen entstammen könnten.

Um sich selbst ein Bild über die Herkunft der Tänze zu verschaffen, eignet sich eher die Bestimmung von Germaine Acogny. Sie unterteilt in „die Tänze des Sahel, die von den Beinen ausgehen und in die Tänze des Waldes, die aus Gesäß und

Schultern kommen." Dieser Hinweis zur Orientierung verdient es, näher betrachtet zu werden und zwar aus zwei Gründen.

Zunächst kann man der Formulierung entnehmen, daß es sich nicht einfach um das Notieren einer Beobachtung handelt, sondern daß hier eine Tänzerin schreibt, also eine Person, welche die beiden Stilrichtungen auch vom Tanzgefühl her kennt, die fühlt, wie eine Bewegung im Körper entsteht und wie die Kräfte sich verteilen. „Von den Beinen ausgehen" heißt nicht, daß nur die Beine bewegt werden. Daher ist noch völlig offen, was mit den anderen Körperteilen geschieht. Dasselbe trifft auf die Beschreibung der Tänze des Waldes zu. Sie legt nicht das ganze Bewegungsvokabular fest, sondern sie beschreibt, die Zentren von denen die Kräfte ausgehen und sich so auf unterschiedliche Weise im ganzen Körper ausdrücken können.

Die Einteilung nach Sahel und Wald wurde nicht nach politischen Grenzen gemacht, die zudem größtenteils von Europäern festgelegt wurden. Diese Einteilung wurde auch nicht in Hinsicht auf Volksstämme oder ethnischen Gruppen vorgenommen. Allein die Landschaft und die Vegetation sind ausschlaggebend. Dies bestätigt auch, daß die gestaltenden Kräfte im afrikanischen Tanz zu einem großen Teil in der Umgebung des Menschen, also in der Natur zu suchen sind.

Die Sahel- und Sudanzone ist eine Region, die aus Halbwüste, Dornbuschsavanne und Trockensavanne besteht. Ihr Boden ist sandig und trocken, die Vegetation ist karg, die großen Bäume sind oft ohne grünes Laub. Der Wind trocknet die Haut erbarmungslos aus und der Mensch kämpft um seine Existenz gegen die erbarmungslose Natur. Sein Bezugspunkt ist einzig und allein der Boden, die Mutter Erde. Die Grundnahrung kann nur durch die mühsame Arbeit des Ackerbaus beschafft werden.

Der Blick geht weit über ebenes, ausgedörrtes Land. Der Mensch, und so auch der Tänzer, sucht Halt auf dem Erdboden. Seine Orientierung und seine Beziehung sind auf die Erde gerichtet und so wird auch der Tanz durch dieses Gefühl und den immer wiederkehrenden Rhythmus gestaltet, indem Beine und Füße sich zur Erde bewegen, dem Körper Halt und Kraft verleihen, dann wieder hochschnellen, um wieder zur Erde zurückkehren. Die Arm- und Kopfbewegungen sind oft ein Werfen und Schleudern in den Raum – in die weite Landschaft.

Der Lebensraum der Waldlandschaft, in extremer Form der Regenwald, stellt für den Menschen ein umfassendes System verschiedenster Zusammenhänge dar, in die er vollständig integriert ist. Vor allem durch wirtschaftliche Interessen, z.B. Holzraubbau, wurde das Gleichgewicht von Natur und Kultur systematisch zerstört. Es gibt jedoch auch Waldbewohner in Westafrika, die noch heute im Einklang mit der Natur leben.

Einen überwiegenden Anteil der Nahrung bietet der Wald, ohne Berücksichtigung der Jahreszeit, das ganze Jahr über und kleine Waldpflanzungen, zum Beispiel von Kakao, ermöglichen etwas Handel.

Das Leben spielt sich unter dichtem Blattwerk riesiger Bäume ab, umgeben von undurchdringlichem Pflanzengewirr und zahlreichen Lebewesen. Der Erdboden ist meist von Pflanzen bedeckt, also nicht sichtbar, sondern nur fühlbar. Ein ständiges Spiel von Licht und Schatten und pulsierendes Leben umgeben die Menschen. Diese Umgebung und die damit verknüpfte Lebensweise spiegelt sich im Tanzstil der Waldbewohner wider. Der dominierende Bezugspunkt ist nicht ausschließlich der Erdboden, sondern die gesamte Umgebung. Rotieren, pulsieren und schütteln sind eine Form, sich ins überquellende Leben des Regenwaldes einzugliedern, im Tanz hineinzuwachsen in Blätter und Pflanzengewirr. Becken und Schultern führen die Wellenbewegung verstärkt aus oder sie bewegen sich isoliert. Aus diesen Zentren entsteht der Bewegungsablauf.

Abschließend möchte ich jedoch noch einmal wiederholen, daß im afrikanischen Tanz die Zentrierung des Körpers, also der Bezug der Körpermitte zum Erdboden, die Vielfalt der Tanzbewegungen ermöglicht.

Die Vorbereitung auf den Tanz

Zum Tanzen sollten Sie bequeme Kleidung, möglichst aus Baumwolle, tragen und auf Schuhe verzichten, denn barfuß ist der Kontakt zum Boden am intensivsten. Ist der Fußboden zu kalt, kann man auch in Socken tanzen, sofern es nicht zu rutschig wird.

Bevor Sie mit dem Tanzen beginnen, sollten Sie Ihren Körper auf jeden Fall vorbereiten. Besonders dann, wenn Sie nicht gerade vom Schwimmen oder Joggen kommen, sondern den ganzen Tag am Schreibtisch gesessen sind. Cheikh beginnt das Aufwärmen sehr langsam mit Lockerungsübungen, sorgfältigen Dehnungen und einigen Übungen aus dem Yoga, dann folgt meist ein leichtes Muskeltraining verbunden mit Dehnungsübungen. Er geht hierbei nicht immer gleich vor, da er stets den Leistungsstand der Gruppe mitberücksichtigt. Ein besonders auf den afrikanischen Tanz abgestimmtes Aufwärmprogramm ist nicht unbedingt nötig, Sie können sich im Grunde nach jedem Aufwärmprogramm richten, das es für Tänzer, Turner oder andere Sportler gibt. Das Wichtigste ist in jedem Fall: Fangen Sie langsam an, atmen Sie bewußt und genußvoll, achten Sie besonders auf ein intensives Ausatmen, machen Sie keine Übungen, die Ihnen Schmerzen bereiten, bzw. führen Sie die Übungen nur so aus, daß Sie sie genießen können, räkeln und dehnen Sie sich zwischendurch und versuchen Sie, ihren Kopf frei zu machen für das Tanzen. Die Zeit des Aufwärmens ist auch die Zeit der Vorfreude auf den Tanz.

Die im Folgenden erklärten Choreographien sind nach ihrem Schwierigkeitsgrad angeordnet. Für Anfänger ist es also sehr zu empfehlen, mit dem ersten und einfachsten Tanz, dem *Arbeitstanz,* zu beginnen. Wie ich schon erwähnt habe, können die einzelnen Bewegungen viermal, achtmal ...usw... wiederholt werden. Gerade für Anfänger ist es außerordentlich wichtig, jede Bewegung zunächst sehr oft zu wiederholen. Das für den Tanz notwendige Körpergefühl wird durch das häufige Wiederholen einer Bewegung schneller erreicht, als durch das angestrengte Üben vieler verschiedener Bewegungen.

Beim Lesen und Anschauen des choreographischen Teiles und beim Nachtanzen wird Ihnen vielleicht auffallen, daß Cheikh manchmal nicht ganz genau die Position einnimmt, die in der Anweisung dazu angegeben ist. Es ist zum Beispiel angegeben: Füße parallel und Cheikh hat seine Füße auf dem Foto nicht genau parallel. Der Grund hierfür ist einfach: Zum Lernen ist es wichtig, klare Angaben zu bekommen. Durch diese deutlichen Anweisungen kann der Bewegungsablauf schnell gelernt werden. Im tatsächlichen Tanz, in der Phase, in der der eigentliche Ausdruck entsteht, wird im afrikanischen Tanz nicht mehr so streng auf die technischen Vorgaben geachtet. Zur Ausübung des afrikanischen Tanzes sind eine grundlegende Technik und das dadurch entstehende Körpergefühl notwendig. Es besteht aber nicht die Anforderung an eine präzise ausgeführte Technik, die z. B. im klassischen Ballett oder auch im Jazz-Dance Grundlage für tänzerische Ausdrucksmöglichkeiten ist.

Alle Fotos von Cheikh wurden aus der Bewegung heraus, also während des Tanzens aufgenommen. Er tanzte nicht mit dem Gedanken, die Bewegungen zum Nachtanzen darzustellen, sondern er tanzte – ja, er tanzte einfach und wir mußten ihm oft zurufen: „Stop, das genügt!" oder „Halt, noch mal von vorne!" und ihn so wieder ins Fotostudio zurückholen.

Die Trommeln

Zu jedem Tanz gehört ein bestimmter Rhythmus, der von einer Trommel gespielt wird, oder die Kombination mehrerer Rhythmen die auf mehreren Trommeln derselben Art oder auch auf unterschiedlichen Trommeln gespielt werden. Zu den in Westafrika am häufigsten verwendeten Trommeln gehören folgende:

Die Djembe ist eine inzwischen auch in Europa recht bekannte Trommel aus Westafrika. Sie ist kelchförmig, aus einem Stück Holz gehauen und meist mit einer Ziegenhaut bespannt. Sie wird mit den Handflächen gespielt.

Oft werden Bleche, an denen verschiedene Metallringe oder ähnliche rasselnde Teile befestigt sind, seitlich in die Bespannung der Djembe gesteckt, so daß sie durch die Vibration der gespielten Trommel ständig mitrasseln. Solche für die afrikanische Musik typische Begleitgeräusche können auch durch Rasseln und Glöckchen an den Fesseln und Handgelenken von Musikern und Tänzern erzeugt werden.

Die Dungdung wurde ursprünglich nur an den Königshöfen in Mali gespielt. Sie hat einen zylindrischen Körper, meist aus Metall, und ist auf beiden Seiten mit Rinderfell bespannt. Sie wird mit einem Stock gespielt. Meist werden drei, manchmal auch nur zwei Dungdungs unterschiedlicher Tonhöhe zusammengebunden. Oft befindet sich auf der obersten Trommel noch eine Glocke, die mit einem zweiten Stock geschlagen werden kann.

Die Sabar ist eine besonders in Senegal verbreitete Trommel mit einem hohen schlanken Holzkörper. Das Fell ist im Gegensatz zu Djembe und Dungdung, die mit Schnüren gespannt sind, mit kleinen Holzpflöcken gespannt. Sie wird mit einem Stock und mit der Hand gespielt. Die Stockschläge erzeugen einen harten peitschenden Klang.

Die Bugarabu sind Trommeln, die im südlichen Senegal und in den angrenzenden Waldgebieten gebräuchlich sind. Vier Trommeln mit schlankem Holzkörper verschiedener Tonhöhe werden nebeneinander auf einem Gestell befestigt und mit den Handflächen gespielt.

Talking drum ist die internationale Bezeichnung für eine Trommel, die auch Achseltrommel genannt wird, weil sie zum Spielen mit dem Oberarm unter die Achsel geklemmt wird. Wegen ihrer Form trägt sie auch den Namen Sanduhr-

Trommel. Wie bei vielen anderen Trommeltypen, ist die Bezeichnung für die Talking drum auch regional unterschiedlich. In Senegal ist sie unter dem Namen Tama bekannt, bei den Yorubas wird sie Dundun genannt. Mit der Dundun ist es dem Yorubatrommler möglich, die Sprache der Yoruba, die eine Tonsprache ist, zu imitieren. Aber auch andere Ethnien verwenden diese Sprechtrommel, jedoch meist in kleinerer Ausführung. Die Trommel besteht aus einem sanduhrförmigen Holzkörper, der beidseitig mit einem Fell bespannt ist. Die beiden Schlagflächen sind mit einer Lederschnur verbunden, wodurch die Fellmembran auf entsprechenden Druck des Oberarms unterschiedlich gespannt wird. Mit einem gekrümmten Schlagstock und mit der Hand können so fein nuancierte Töne und die typisch verzerrten an- und abschwellenden Klänge erzeugt werden.

Außer der verschiedenen Trommeln sind in Westafrika folgende Instrumente gebräuchlich:

- Die Kora, ein 21- saitiges harfenähnliches Instrument mit einer Kalebasse als Klangkörper.
- Die Khalam, auch Xalam geschrieben, eine fünfsaitige Spießlaute.
- Das Balafon, ein Schlaginstrument mit bis zu 22 Klanghölzern, unter denen Kalebassen als Resonanzkörper befestigt sind.

Zu den im folgenden beschriebenen Tänzen wurde eine Notation für die Djembe und die Dungdung erstellt.

Die drei zentralen Anschlagsarten der Djembe sind:

Bass	Trommelmitte	voller Ton
Open	Trommelrand	voller Ton
Slap	zwischen Rand und Mitte	scharfer Schlag mit oder ohne Ton

Natürlich gibt es unzählige Mischformen, auch läßt sich der Open in den Tonhöhen gut variieren, je nach Nähe zum Trommelrand (Naturtonreihe). Zum Lesen der Notation sollten Sie folgendes beachten:

Unter den Noten ist in kleinen Buchstaben die Angabe:

r = rechte Hand, l = linke Hand

Die Notenlinien für die Djembe bedeuten:

hoher Open oder Slap
mittlerer Open
tiefer Open
Bass

In der hier angegebenen Notation spielen Djembe und Dungdung einen durchlaufenden Grundrhythmus. Dieser Grundrhythmus kann durch einen Ruf, das Einspielen eines besonderen Rhythmus, ergänzt werden, der den Tänzern den Wechsel zur nächsten Bewegung ankündigt. Beim *Tanz der Armen* ist dieser Ruf für die Dungdung angegeben. Diesen Ruf deutlich zu hören, ist für unsere Ohren ungewohnt und für Anfänger zunächst kaum zu erkennen. Deshalb ist es ratsam, am Anfang die Wiederholungen jeder Bewegung festzulegen.

Außerdem gibt es Tänze, bei denen für jede Bewegung ein eigener Rhythmus vorgesehen ist. Wenn Sie sich näher mit der afrikanischen Musik beschäftigen wollen, empfehle ich Ihnen die Veröffentlichungen von Gerhard Kubik, und besonders sein Buch "Zum Verstehen afrikanischer Musik".

Arbeitstanz

Einführung zum Arbeitstanz

Bis heute sind Elektrizität und fließendes Wasser in den Häusern und Hütten eines afrikanischen Dorfes eine Seltenheit. Alle Arbeiten im Haushalt werden von Hand ausgeführt. Bei meinem Aufenthalt in Afrika fiel mir immer wieder auf, wie sehr ich es gewöhnt bin, im Haus die Geräusche von Waschmaschine, Handmixer, Staubsauger und Geschirrspülmaschine zu hören. Hier, in einem afrikanischen Haushalt, hörte ich Geräusche, die von den Frauen bei der Arbeit selbst erzeugt wurden. Das Klatschen der nassen Bou-Bous beim Waschen, das Stampfen des Mais oder der Hirse, jede Tätigkeit hatte ihren eigenen Rhythmus, immer begleitet vom lauten Reden und Lachen der Frauen. Vermischt mit Kindergeschrei (welches ich schon gewöhnt war) und dem Blöken und Meckern von Schafen und Ziegen, drang es wie eine fremde Musik an mein Ohr.

Viele dieser Arbeiten sind körperlich sehr anstrengend und in den Wunschträumen einiger afrikanischer Hausfrauen erscheint sicherlich eine Waschmaschine oder ein Kühlschrank. Ich habe einige Frauen gefragt, ob ihnen die harte Arbeit auf die Dauer nicht zu anstrengend sei. „Harte Arbeit ist nicht so schlimm", meinten sie „aber alleine arbeiten, das macht keinen Spaß! Und wenn einmal viel Arbeit anfällt, dann kommen auch viele Leute, die mithelfen, und es gibt viel zu erzählen und zu lachen."

Die vier Bewegungen, die im *Arbeitstanz* dargestellt werden, stellen einen großen Teil der Arbeiten in einem afrikanischen Haushalt dar, die ausschließlich von Frauen ausgeführt werden.

Das familiäre Leben spielt sich nicht nur im Haus und im Innenhof ab, sondern auch vor dem Haus auf der Straße. Der Gang zum Markt oder zum Brunnen gibt Gelegenheit zu Gesprächen und zum Austausch von Neuigkeiten. Sehen und gesehen werden ist ein wesentlicher Bestanteil des Dorflebens.

Beim Gang zum Brunnen oder dem Wasserhahn auf dem Dorfplatz finden sich meist mehrere Mädchen oder Frauen zusammen und gehen gemeinsam. Der Brunnen ist ein wichtiger Treffpunkt. Hier werden Konflikte ausgetragen und mit Hilfe der Gemeinschaft der Frauen auch wieder geschlichtet.

Nachdem die Frauen unter großer Anstrengung das Wasser aus dem Brunnen heraufgezogen haben, tragen sie die gefüllten Wasserschüsseln auf dem Kopf nach Hause. Sie balancieren ein riesiges Gewicht und gehen barfuß auf unebenen Wegen, und trotzdem ist ihr Gang gleichmäßig und elegant.

Beim Maisstampfen oder Hirsestampfen arbeiten meist zwei oder drei Frauen zusammen. Sie stoßen abwechselnd der Reihe nach in das Holzgefäß, in dem sich das Getreide befindet, machen im Wechsel kleine Tanzbewegungen oder klatschen in die Hände. Zum Rhythmus des Stampfens und Klatschens tanzen und singen sie bei der Arbeit.

Der Trommelrhythmus zum Arbeitstanz wird hauptsächlich bei Brautumzügen und Hochzeiten gespielt. Auf Hochzeiten tanzen die Frauen zum Rhythmus der Trommeln das Maisstampfen. Dies soll dem Brautpaar immer genügend Nahrung und Fruchtbarkeit bringen. Bei den Bambara ist es üblich, daß auf einem Hochzeitsfest die heiratsfähigen jungen Mädchen zum anfeuernden Rhythmus der Trommeln einen Wettstreit im Hirsestampfen austragen.

Seine Zuneigung zu einem Mädchen bringt der jungen Mann durch viele Geschenke zum Ausdruck. Ein Ehemann, der seine Frau liebt und schätzt, wird ihr keinen Wunsch abschlagen.

Deshalb singen die Frauen beim Arbeiten und beim Arbeitstanz mit leicht ironischem Anklang folgendes Lied:

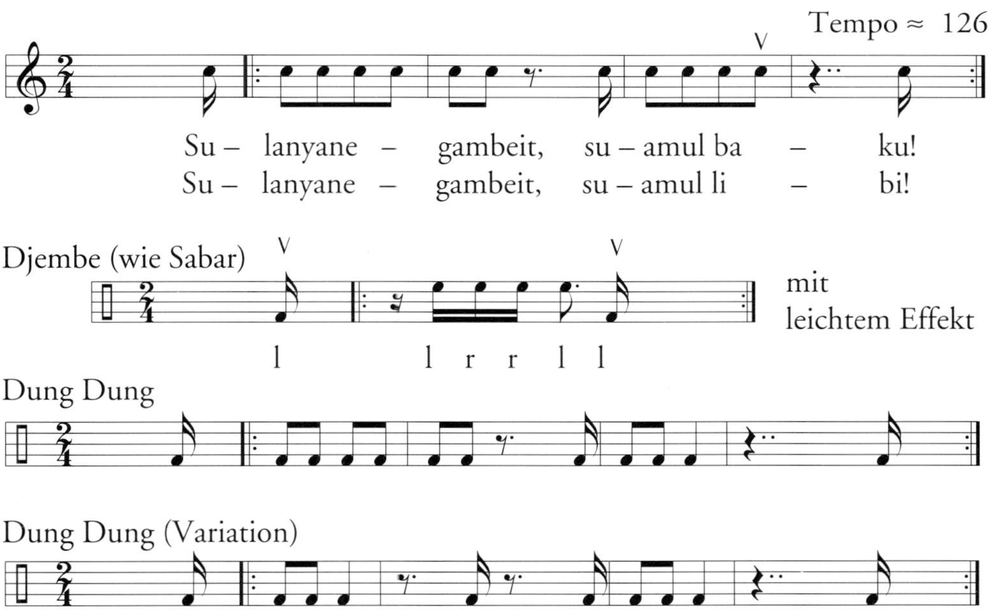

Aus dem Wolof übertragen bedeutet der Text dieses Sprechgesanges, der sehr an einen Rap erinnert:

Wenn ich dich um etwas bitte, und du lehnst ab, dann lasse ich es eben.

Wenn ich dich um etwas bitte, und du lehnst ab, dann gehe ich nach Hause.

An die Männer gerichtet, ist dies wohl auch als Erinnerung gedacht und bedeutet soviel wie: Wir Frauen arbeiten gerne, aber nicht umsonst!

Der Arbeitstanz besteht aus vier verschiedenen Bewegungen, die alle in Einheiten von vier Zeiten und im Kreis getanzt werden.

Gehen

Mit dem rechten Bein beginnen und gelöst mit leichter Körperwelle vorwärts gehen. Dabei mit der ganzen Fußsohle auftreten. Die Arme schwingen ganz natürlich gegengleich mit. Beim Nach-oben-Schwingen der Arme den Oberkörper zur Seite drehen, den Blick ebenfalls zur Seite richten. Also: rechtes Bein und linker Arm nach vorne und den Oberkörper nach rechts drehen. (1 Zeit)

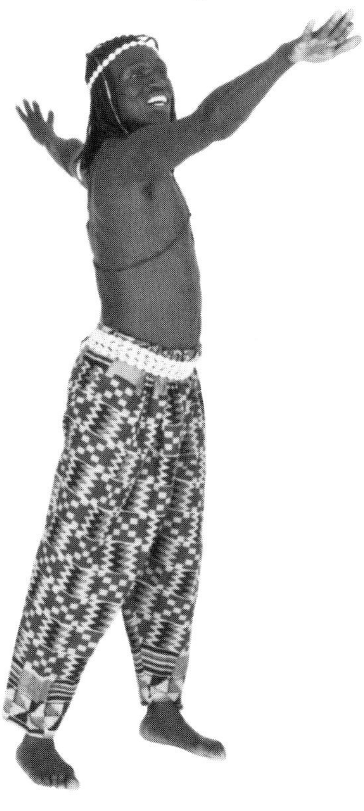

Dann folgt das linke Bein zusammen mit dem rechten Arm, und dabei den Oberkörper nach links drehen. Den Blick ebenfalls nach links richten. (1 Zeit)

Zählen Sie: Rechtes Bein und linker Arm nach vorne: 1
Linkes Bein und rechter Arm nach vorne: 2
Rechtes Bein und linker Arm nach vorne: 3
Linkes Bein und rechter Arm nach vorne: 4

Der Rhythmus dieser Bewegung entsteht durch ein kurzes Verweilen in der zur Seite geöffneten Position und dem darauffolgenden schnellen Wechsel zur anderen Seite. Dieses Verweilen bezeichnet Cheikh mit „Ich bin da". Also sehen und gesehen werden beim Gang durch das Dorf!

In diesem Rhythmus hebt sich der Fuß rasch vom Boden ab, bewegt sich vorwärts, um dann wieder zum Boden zurückzukehren und zu verweilen. Die Betonung der Beinbewegung richtet sich also zur Erde, die Betonung der Bewegung der Arme und des Oberkörpers richtet sich zur Seite.

Das gegengleiche Schwingen der Arme ist eine völlig natürliche Bewegung. Fast jeder Mensch bewegt seine Arme beim Gehen von selbst auf diese Weise. Soll diese Bewegung jedoch bewußt ausgeführt werden, so entsteht oft der "Paßgang", also rechter Arm und rechtes Bein gehen gleichzeitig nach vorne.

Der Einstieg in den richtigen Bewegungsablauf wird durch folgende Startposition erleichtert:

Ganz normal aufrecht stehen und den rechten Fuß leicht nach hinten mit dem Ballen aufsetzen, den rechten Arm nach vorne und den linken Arm nach hinten halten. Aus dieser Position wie oben beschrieben beginnen.

Ein Gefäß auf dem Kopf tragen

Das *Gehen* wird wie beschrieben weitergeführt, nur die Armhaltung ändert sich geringfügig. Beim beginnenden Schritt mit dem rechten Bein schwingt der linke Arm genauso nach vorne und dann mit der Hand auf den Kopf. Die Hand bleibt jetzt ununterbrochen auf dem Kopf. Das Schwingen des rechten Armes wie beim *Gehen* beibehalten.

Zählen Sie:
Rechtes Bein vorne und linke Hand auf dem Kopf: 1
Linkes Bein und rechter Arm vorne: 2
Rechtes Bein und rechter Arm hinten: 3
Linkes Bein und rechter Arm vorne: 4

Zum Ausprobieren dieser Bewegung können Sie auch einmal eine echte Schüssel auf dem Kopf tragen! Beim Tanzen ohne Schüssel soll die Hand auf dem Kopf aufliegen.

Wasserholen

Diese Bewegung stellt dar, wie man einen schweren mit Wasser gefüllten Behälter an einem langen Seil aus einem tiefen Brunnenloch hochzieht.

Das Gewicht fällt auf das gebeugte rechte Bein, und die rechte Hand zieht vom Boden zur rechten Schulter. Der Kopf zieht abschließend nach hinten. Der linke Arm hängt nach unten. (1 Zeit)

Den Oberkörper nach vorne fallen lassen und gleichzeitig das Gewicht auf das linke gebeugte Bein verlagern (Handwechsel am Seil). Jetzt zieht die linke Hand vom Boden zur linken Schulter. Der Kopf zieht wieder nach hinten und schließt so die Bewegung ab. (1 Zeit)

Zählen Sie:
Gewicht rechts und rechte Hand nach oben: 1
Gewicht links und linke Hand nach oben: 2
Gewicht rechts und rechte Hand nach oben: 3
Gewicht links und linke Hand nach oben: 4

Achtung! Diese Bewegung findet auf der Stelle statt. Da sie an das *Gehen* und *Ein Gefäß auf dem Kopf tragen* anschließt, geschieht es leicht, daß man sich beim *Wasserholen* weiter vorwärts bewegt.
Stellen Sie sich vor, daß Sie den Wasserbehälter aus einem Brunnenloch hochziehen, das sich unmittelbar vor Ihnen befindet. Eine Vorwärtsbewegung ist also nicht möglich.

Maisstampfen

Vor einem hölzernen Gefäß stehend, stampfen die afrikanischen Frauen mit einem langen Holzstößel den Mais. Diese Arbeitsbewegung wird folgendermaßen dargestellt:

Das rechte Bein hochziehen und auf den Boden stampfen, gleichzeitig mit der linken Hand, die den Stößel hält, von oben nach unten stoßen. (1 Zeit)

Der Stößel wechselt in die rechte Hand, und linkes Bein und rechte Hand holen nach oben gleichzeitig aus und stampfen zum Boden. (1 Zeit)

Zählen Sie: Rechtes Bein und linker Arm: 1
Linkes Bein und rechter Arm: 2
Rechtes Bein und linker Arm: 3
Linkes Bein und rechter Arm: 4

Üben Sie diese Bewegung einmal mit einem Stößel oder einem ähnlichen Gegenstand!

Dies erleichtert das Erlernen des Bewegungsablaufes und intensiviert die Vorstellung, wieviel Kraft tatsächlich beim Maisstampfen erforderlich ist.

Wird der Arbeitstanz jedoch mit seinen vier verschiedenen Bewegungsformen duchgetanzt, so ist es unpraktisch, mit einem Stößel zu tanzen.

Vogel Tanz

Einführung zum Vogeltanz

Das Tierreich Afrikas ist reich und vielfältig. Viele Volksgruppen lebten noch bis vor kurzem von der Jagd. Die Ackerbauern halten sich Haustiere und leben mit ihnen auf begrenztem Raum in einer Wohngemeinschaft. Bei der knappen Nahrung ist das Haustier ein wertvoller Besitz.

Die afrikanischen Märchen bestehen zu einem großen Teil aus Tierfabeln. Die Tiere werden dabei noch stärker vermenschlicht als in den europäischen Märchen. Sie leben oft in Dorfgemeinschaften, bebauen ihre Felder und benutzen die Werkzeuge der Menschen.

In den Masken, welche aus den köperbedeckenden Gewändern, der eigentlichen Maske, die das Gesicht bedeckt, und den Kopfaufsätzen bestehen, treten immer wieder auch Tiergestalten auf. Je nach Volksgruppen wird bestimmten Tieren eine besondere Bedeutung oder übernatürliche Kraft zugesprochen.

Für die San der Kalahari besitzt die Elenantilope eine solche Kraft. Wird nun eine Elenantilope erlegt, gilt es, sich ihre Kraft zunutze zu machen. Durch Tänze neben dem erlegten sterbenden Tier nimmt der Heilkundige diese Kräfte auf, dadurch kann er Kranke heilen und Kontakt mit den Göttern aufnehmen.

Für den naturbezogenen Menschen sind Tiere ein Teil der Kräfte der Natur, die bedrohlich sein können, aber auch Kräfte beinhalten, die sich der Mensch zunutze machen kann. Wie am Beispiel der Elenantilope beschrieben, spielt sich dieser Kräfteaustausch im Tanz ab.

Dies gilt sicherlich nicht für alle rituellen Tänze, bei denen Tiermasken getragen oder Tiergestalten tänzerisch dargestellt werden. Oft werden nur die Eigenschaften des Tieres und die besondere Art, wie es sich bewegt, in Tanzbewegungen dargestellt. Auf diese Weise ist der Tanz eine Form, sich mit einem bestimmten Tier auseinanderzusetzen.

Tiergestalten, die in traditionellen Tänzen dargestellt werden, sind also nicht allein Imitationen des Tieres, sondern Ausdruck einer Auseinandersetzung und eines Austausches mit den mythologischen, symbolischen oder tatsächlichen Kräften des bestimmten Tieres.

Ohne daß es nötig wäre, die üblichen Reisewege zu verlassen und sich mit Forscherblick in die Büsche zu schlagen, begegnet man in Westafrika überall einer Vielfalt von Vögeln. In Lagunen und Sumpfgebieten beeindrucken den Reisenden vor allem die unzähligen Arten von Reihern und ähnlichen hochbeinigen Vögeln mit schillerndem Gefieder. Sie halten sich oft in unmittelbarar Nähe von Siedlungen auf und scheinen nicht sehr scheu zu sein. Sie bestimmen das Landschaftbild.

Auch die Kunsthandwerker bedienten sich der Tiermotive. Vogelmotive wurden besonders zur Verziehrung von Gebrauchsgegenständen verwendet, z. B. auf Messern, Spielsteinen, Webrollenhaltern, Pfeifenköpfen und Kämmen.

Tanzaufsätze aus Kamerun und Guinea stellen Vögel mit langen oder beweglichen Schnäbeln dar.

Bei den Senufo (Elfenbeinküste) symbolisieren Schildkröte, Krokodil, Antilope und Nashornvogel Fruchtbarkeit und Lebenskraft.

Auch die Schwalbe, der Rabe, das Buschhuhn, das Haushuhn, der Geier und andere Vögel finden sich im afrikanischen Märchen ein. Der Vogel Strauß erscheint mit "feinglattem Flügelkleid" als schöner und eleganter Vogel.

Schönheit und Eleganz, Freiheit und Leichtigkeit fließen in die Darstellung des Vogels ein. Wobei nicht vergessen werden darf, daß im afrikanischen Denken "schön sein" gleichbedeutend ist mit "gut sein".

Ein alter Mann erzählte uns eine Geschichte, und so erfuhren wir, warum der Vogeltanz getanzt wird und was das Lied verkünden will.

Er erzählte: „Ich komme aus einem Dorf, das Sabah heißt. Über diesem Dorf liegt ein Spruch der sagt: Alle Leute in diesem Dorf müssen immer tanzen, bei allen freudigen Festen, aber auch, wenn sie traurig sind oder wenn sie große Schwierigkeiten haben. Wird dies von den Dorfbeweohnern nicht eingehalten, so kommt ein großes Feuer über das Dorf. Der Tanz, den die Leute in meinem Dorf tanzen, das ist der Vogeltanz.“ Nachdem er dies erzählt hatte, begann er das Lied zu singen.

Tempo ≈ 58

Djembe

Tempo ≈ 82

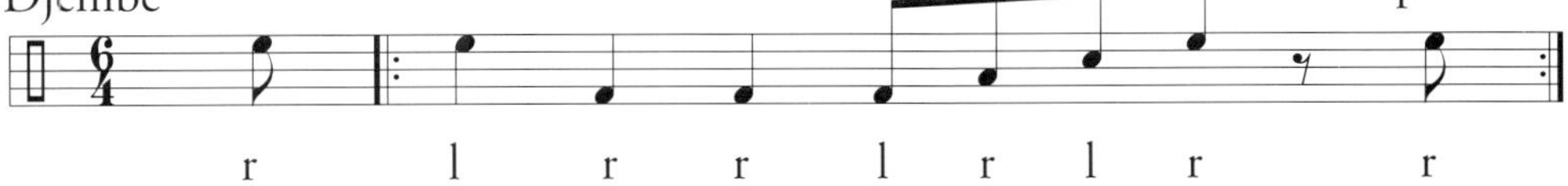

Dung Dung

Cheikh übersetzte mir diese Geschichte. Das war schwierig, denn der Mann sprach in großer Aufregung und mit Wichtigkeit und Überzeugung. Er wiederholte einige Worte mehrmals, so daß sie über mich herfielen wie ein Trommelrhythmus. Und obwohl es Worte in Wolof waren, prägten sie sich mir sehr stark ein. Der Mann sprach mit großer Leidenschaft und begann immer wieder, das Lied zu singen. Ich bekam den Eindruck, daß er allein durch das Sprechen darüber diesen Spruch neu belebt und wirksam macht.

Nachdem alles geklärt und ich einige Zeit ins Nachdenken versunken war, fragte ich Cheikh: „Warum? Warum tanzen sie gerade den Vogeltanz?“ Ohne zu zögern antwortete er mir: „Ein Vogel muß immer fliegen, und er denkt nicht darüber nach.“

Der hier beschriebene Vogeltanz, der dazugehörende Trommelrhythmus und das Lied stammen aus dem Süden Senegals, aus der Casamance. Das Lied, im Dialekt der Soccé, ist ein Aufruf zum Tanzen, der an die Bewohner des Dorfes Sabah gerichtet ist.

Der Vogeltanz besteht aus drei verschiedenen Bewegungen mit je vier Zeiten. Genau betrachtet sind es drei Variationen der Bewegung des Flügelschlages. Der Vogeltanz wird im Kreis getanzt. Besonders reizvoll ist es, in einem kleinen Kreis zu tanzen. Jeder sieht, wie alle Arme zur Mitte schwingen, und man fühlt sich wie mitten in einem Vogelschwarm. Es ergibt sich immer eine Gelegenheit, mit anderen im Kreis Blickkontakt aufzunehmen und sich gemeinsam am Tanz zu erfreuen.

Erste Vogelbewegung

In Ausgangsposition den rechten Arm diagonal nach vorne, den linken Arm diagonal nach hinten halten.

Rechtes Bein hochziehen und gleichzeitig mit beiden Armen nach oben schwingen. Zählen Sie: und!

Dann Arme und Bein gleichzeitig wieder nach unten senken. Den Fuß leicht und trotzdem betont aufsetzen, also nicht stampfen. Zählen Sie: 1! (1 Zeit)

Diese Bewegung mit rechtem Arm nach vorne und rechtem Bein noch einmal wiederholen. (1 Zeit)

Die Beinbewegung entspricht der Bewegung *mit dem Fuß auftreten,* die im Kapitel Tanztechnik beschrieben ist. Empfohlene Zählweise: und, 1 usw., d. h., Bein anheben – Bauch einziehen: und, Bein aufsetzen – Bauch locker lassen: 1. Durch die Betonung hoch (und) – tief (1) bekommt der Tanz seinen besonderen Akzent.

Dann ohne Unterbrechung mit dem linken Bein und dem linken Arm nach vorne dieselbe Bewegung zweimal ausführen. (2 Zeiten)
Nach dem Wechsel vom rechten auf das linke Bein den Fuß leicht diagonal nach vorne aufsetzen. Dadurch entsteht eine leichte Vorwärtsbewegung.

Für den gesamten Bewegungsablauf der ersten Vogelbewegung zählen Sie:
rechtes Bein und rechter Arm vorne: und 1, und 2,
linkes Bein und linker Arm vorne: und 3, und 4.

Zweite Vogelbewegung

Wieder mit dem rechten Bein beginnen und beim Anheben des Beines gleichzeitig beide Arme zur linken Seite anheben. Zählen Sie: und!

Dann das rechte Bein wieder aufsetzen und die Arme auf der linken Seite absenken. Zählen Sie: 1! (1 Zeit)
Diese Bewegung noch einmal wiederholen. (1 Zeit)
Dann schnell zur anderen Seite wechseln, also linkes Bein anheben und beide Arme zur rechten Seite hochschwingen und Arme und Bein wieder nach unten senken. (1 Zeit)
Diese Bewegung ebenfalls einmal wiederholen. (1 Zeit)

Für den gesamten Bewegungsablauf der zweiten Vogelbewegung zählen Sie:
rechtes Bein und beide Arme zur linken Seite: und 1, und 2,
linkes Bein und beide Arme zur rechten Seite: und 3, und 4.

Dritte Vogelbewegung

Folgende Bewegung besteht wie die erste und zweite Vogelbewegung aus einer Einheit mit vier Zeiten. Bisher wurde derselbe Bewegungsabschnitt zweimal zur einen Seite und dann spiegelbildlich zweimal zur anderen Seite getanzt. Dieser Ablauf ändert sich jetzt.

Das rechten Bein und beide Arme zur linken Seite heben und wieder absenken (genau wie bei der zweiten Vogelbewegung). (1 Zeit)

Dann zur anderen Seite wechseln und mit dem linken Bein und den Armen zur rechten Seite dieselbe Bewegung einmal wiederholen. (1 Zeit)

Wieder die Seite wechseln und noch einmal mit dem rechten Bein und den Armen zur linken Seite dieselbe Bewegung einmal wiederholen. (1 Zeit)

> Bis hierher zählen Sie:
> rechtes Bein und Arme zur linken Seite: und 1,
> linkes Bein und Arme zur rechten Seite: und 2,
> rechtes Bein und Arme zur linken Seite: und 3.

Sie stehen jetzt mit beiden Füßen auf den Boden, und die Arme sind an der linken Seite. Jetzt kreuzt das linke Bein vor das rechte, und die Arme schwingen wieder zur anderen Seite und beginnen einen ganzen Armkreis (rechte Seite-oben-linke Seite). Zählen Sie: und!

Das rechte Bein zur rechten Seite aufsetzten und den Armkreis abschließen. Sie zählen: 4!

Wenn Sie diesen Armkreis weiterführen, bewegen sich Ihre Arme automatisch nach rechts. Beginnen Sie jetzt einfach denselben Ablauf

mit dem linken Bein und beiden Armen nach rechts. Alle weiteren Bewegungen der dritten Vogelbewegung ebenfalls spiegelbildlich tanzen.
Beim letzten Bewegungsabschnitt (und 4) kann das seitliche Kreuzen mit dem Bein auch gesprungen werden. Die Knie dabei stärker nach oben ziehen. Den Schwung des Armkreises für den Sprung ausnutzen! Dieser Sprung gleicht einem Pferdchensprung aus der Gymnastik, er wird jedoch nicht vorwärts, sondern, wie schon beschrieben, seitlich gesprungen.

Bei allen Vogelbewegungen ist es wichtig, daß das Standbein immer leicht gebeugt ist und im Auf und Ab der Bewegung mitfedert.
Das Hochschwingen der Arme und das Abheben des Beines ist schnell und leicht, das Zurückkehren zur Erde ist langsamer und betont. Beim Hochziehen des Beines an den Impuls aus dem Bauch denken!

Die Arme sollten wie Vogelschwingen bewegt werden, also sehr leicht und ohne sichtbare Kraftanstrengung. Versuchen Sie, aus dem Schultergelenk mit dem Oberarm zu arbeiten! Dadurch bleibt der Unterarm und die Hand locker und schwingt natürlich und leicht mit.
Bei allen drei Vogelbewegungen folgt der Blick immer der Armbewegung.

Tanz der Armen

Einführung zum Tanz der Armen

Der folgende Text gibt das Ende der Erzählung *Mein Leben im Busch der Geister* von Amos Tutuola wieder. »Himmel« und »Erde« hatten sich gestritten. Jeder behauptete von sich, der Ältere zu sein. »Himmel« war durch diesen Streit so verärgert, daß er den Regen nicht mehr auf die Erde fallen ließ und eine große Hungersnot ausbrach. In ihrer Not brachten die Menschen »Himmel« ein Opfer. Und so lautet die Überschrift des letzten Kapitels: "Wer aber würde »Himmel« das Opfer in den Himmel bringen?"

„Zuerst wählten wir einen der Diener des Königs, doch der weigerte sich, dann wählten wir einen der ärmsten Männer der Stadt, der weigerte sich auch, schließlich wählten wir einen der Sklaven des Königs, und der nahm das Opfer für »Himmel« und brachte es zu »Himmel« als dem Herrn über »Erde«, und »Himmel« empfing das Opfer mit Freuden. Denn das Opfer bedeutete, daß sich »Erde« ergab, daß »Erde« zugab, jünger zu sein. Doch nachdem der Sklave das Opfer in den Himmel gebracht und es »Himmel« übergeben hatte, hatte er (der Sklave) den Weg zurück auf die Erde erst zur Hälfte gemacht, als ein schwerer Regen niederging. Und da der Regen ihn schlug (den Sklaven), wollte er, als er die Stadt erreicht hatte, dem Regen entgehen, – aber niemand in der Stadt erlaubte ihm, sein Haus zu betreten. Alle dachten, er (der Sklave) würde sie auch zu »Himmel« hinbringen, wie er das Opfer zu »Himmel« gebracht hatte, und sie hatten Furcht.

Nachdem aber der Regen drei Monate lang ununterbrochen gefallen war, gab es keine Dürre und keine Hungersnot mehr."

Auch im Märchen und in der überlieferten Dichtung aus alten Zeiten erscheinen immer wieder die Dürre und die Hungersnot. Bis heute kämpfen die Menschen in Afrika gegen diese Gewalten. Ein Griote namens Kayonga aus Ruanda berichtete in einem Gedicht darüber.

Die Hungersnot ist besiegt

Sie war nur eine nach Plünderung dürstende Diebin,
aber nun plagt sie der Nachtmahr von den Kartoffeln!
Von ihr ist nicht mehr die Rede, die Ernte wird gedroschen.
Sie aber flieht und schaut nicht mehr zurück.
Auf einsamen Pfaden ist sie davongegangen,
vielleicht hat sie ein Wirbelsturm entführt,
vielleicht ist sie im Regenschlamm ertrunken –
Kein Mensch mag fürder an ihr Wüten denken.

Zur Einstimmung auf den *Tanz der Armen* sei noch einmal daran erinnert, wie uns Camara Laye das Leben in einem afrikanischen Dorf beschrieben hat (vgl. Kapitel „Tanz im afrikanischen Leben“). Jeder einzelne Dorfbewohner war verantwortliches Mitglied der Dorfgemeinschaft. Somit war auch jeder verpflichtet, im Rahmen seiner Möglichkeiten zu helfen. Hier wird deutlich, daß das Bitten um eine Gabe oder Hilfe, etwas Selbstverständliches ist, genauso wie der Dank. Es ist ein Dank, der nicht nur als Höflichkeitsfloskel mißverstanden werden darf, sondern wirklich von Herzen kommt.

Im *Tanz der Armen* erscheinen alle diese Vorgänge: das Bitten mit „Mein Topf ist leer – gib mir was!“, die zwischenmenschliche Beziehung mit „Komm zu mir – Ich will nicht mehr traurig sein!“, der Dank an den, der sein Essen geteilt hat, und der Dank an Gott.

Djembe

Tempo ≈ 130

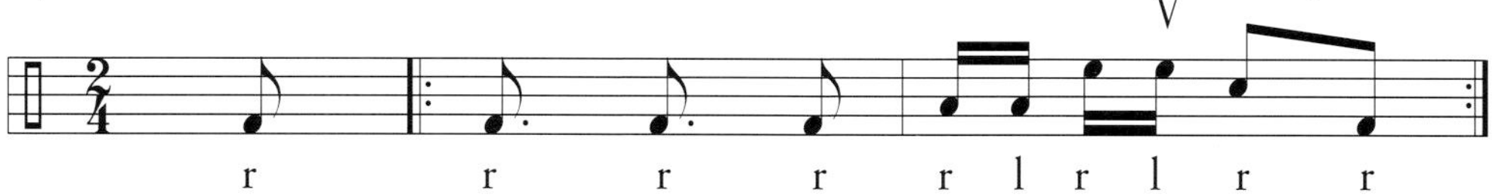

Dung Dung

Dung Dung Ruf

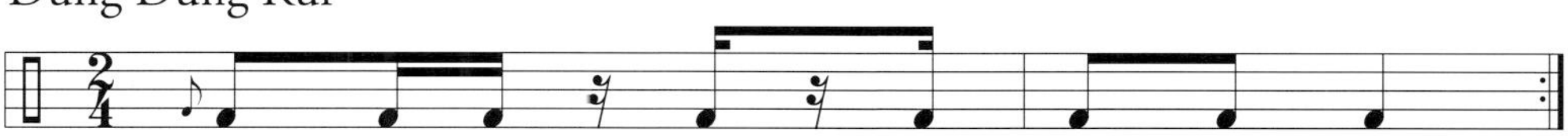

Der *Tanz der Armen* besteht aus 10 Bewegungen mit jeweils 4 Zeiten. Er wird in lockerer Aufstellung oder in Reihen getanzt. Der Akzent der verhältnismäßig schnellen Beinbewegung liegt auf der Betonung nach unten, also zur Erde. Ich zähle deshalb nur die eigentlichen Takte: 1, 2, 3, 4. Sie sind gleichbedeutend mit Erde - Erde - Erde - Erde. Die Tanzrichtung kann auch durch viertel oder halbe Drehungen beim Übergang von einer Bewegung zur nächsten geändert werden. Es macht auch viel Spaß, diesen Tanz mit einem „Gegenüber“, also mit einem Ansprechpartner oder einer Partnerin zu tanzen. Dies alles sind tänzerische Variationen, die als solche im afrikanischen Tanz keine besondere Beachtung verdienen.

Die Reihenfolge der Bewegungen sollte nicht verändert werden, da sonst der erzählende Charakter dieses Tanzes verlorengeht.

Ich bin da – ich bin arm

Die Arme seitlich ausbreiten. Den Oberkörper leicht nach vorne neigen. Die Knie sind leicht gebeugt. Ohne sich vorwärts zu bewegen, zweimal mit dem rechten, zweimal mit dem linken Fuß auftreten. (4 Zeiten)

Mit dem Standbein immer locker mitfedern!

Zählen Sie: rechtes Bein: 1, 2,
linkes Bein: 3, 4

Mein Topf ist leer

Den linken Arm nach unten strecken, Handfläche nach vorne geöffnet. Den rechten Arm entgegengesetzt nach oben bewegen. In dieser Position mit dem rechten Fuß zweimal auftreten. (2 Zeiten)

Position der Arme wechseln, rechter Arm nach unten, linker Arm nach oben. Gleizeitig zweimal mit dem linken Fuß auftreten. (2 Zeiten)

Stellen Sie sich vor, daß Sie in einen leeren Topf zeigen, der vor Ihnen auf dem Boden steht.

Zählen Sie: rechtes Bein und linker Arm unten: 1, 2
linkes Bein und rechter Arm unten: 3, 4

Gib mir was – Danke schön

Die Arme nach vorne ausstrecken – *Gib mir was*! Gleichzeitig zweimal mit dem rechten Fuß auftreten. (2 Zeiten)

Die Hände mit den Handflächen nach hinten an die Taille legen, den Oberkörper etwas stärker nach vorne neigen – *Danke schön* ! Gleizeitig zweimal mit dem linken Fuß auftreten. (2 Zeiten)

Zählen Sie: rechtes Bein und Hände ausgestreckt: 1, 2
linkes Bein und Hände in Taille: 3, 4

Komm zu mir

Achtung, jetzt ändert sich die Schrittfolge!
Rechtes Bein kreuzt vor linkes Bein, das Gewicht bleibt auf dem linken Bein. Beide Arme nach vorne ausstrecken, die Handflächen nach oben, und dann ruckartig zum Körper herziehen. *Komm* !
Das rechte Bein wieder zurücksetzen in parallele Position. Gleichzeitig noch einmal die Armbewegung *Komm* ausführen. (2 Zeiten)

Jetzt mit dem linken Bein vor das rechte Bein kreuzen, das Gewicht bleibt auf dem rechten Bein, und wieder zurücksetzen in parallele Position. Gleichzeitig zweimal die Armbewegung *Komm* ausführen. (2 Zeiten)
Beim Kreuzen immer mit dem Standbein mitfedern.

Zählen Sie: rechtes Bein kreuzt und Arme *komm* : 1
rechtes Bein zurück und Arme *komm* : 2
linkes Bein kreuzt und Arme *komm* : 3
linkes Bein zurück und Arme *komm* : 4

Ich will nicht mehr traurig sein

Die Schrittfolge bleibt gleich wie bei *Komm zu mir.* Also: rechtes Bein kreuzt vor linkes Bein usw. Anstelle der Armbewegung *komm* wird im selben Rhythmus folgende Armbewegung ausgeführt:

Die Hände ruhig vor der Brust halten, die Fingerspitzen berühren den Körper in der Nähe des Brustbeins. Mit den Ellenbogen nach vorne kreisen. Der Impuls dieses Kreisens entsteht durch eine Brustkorbrotation. Also: Ellenbogen vorne – Brustkorb hinten, Ellenbogen hinten – Brustkorb vorne.

Die Betonung dieser Bewegung gilt dem Moment, da der Fuß auf dem Boden aufsetzt und sich gleichzeitig der Brustkorb öffnet. Das bedeutet also: schnell nach vorne kreisen und das Bein kreuzen und langsam und betont nach hinten Kreisen, den Brustkorb öffnen und gleichzeitig den Fuß aufsetzen.

Öffnen Sie Ihr Herz und befreien Sie sich von Traurigkeit!

Zählen Sie: rechtes Bein kreuzt und Ellenbogenkreis: 1
rechtes Bein zurück und Ellenbogenkreis: 2
linkes Bein kreuzt und Ellenbogenkreis: 3
linkes Bein zurück und Ellenbogenkreis: 4

Gott hilf mir

Die linke Hand fest in die Taille stemmen. Den gestreckten rechten Arm schnell diagonal nach hinten oben werfen. Dabei den Körper leicht mitdrehen. Blick zum rechten Arm. Gleichzeitig mit dem rechten Fuß zweimal auftreten, auch leicht nach hinten plaziert. (2 Zeiten)

Den rechten Arm in einem Halbkreis über unten nach vorne schwingen und zweimal ruckartig von oben nach unten ziehen. Gleichzeitig mit dem linken Fuß zweimal auftreten. Die linke Hand bleibt in der Taille. (2 Zeiten)

Zählen Sie: rechtes Bein und rechter Arm nach hinten: 1, 2
linkes Bein und rechter Arm herziehen: 3
linkes Bein und rechter Arm herziehen: 4

Ich danke Gott

Beide Arme nach oben werfen. (1 Zeit)

Beide Arme seitlich nach unten schwingen. Gleichzeitig das rechte Bein gestreckt nach oben werfen und unter dem rechten Oberschenkel klatschen. (1 Zeit)

Beide Arme wieder nach oben werfen.
(1 Zeit)

Bis jetzt den Blick immer nach oben richten – zu Gott.
Linkes Bein anziehen und gleichzeitig den Oberkörper und Kopf zum Knie beugen. Die Arme anwinkeln und die Handflächen über das Knie halten.
(1 Zeit)

Der Übergang von *Gott hilf mir* zu *Ich danke Gott* erfordert eine gewisse Schnelligkeit. Üben Sie besonders diesen Übergang!

Zählen Sie: beide Arme nach oben: 1
rechtes Bein hoch und klatschen: 2
beide Arme nach oben: 3
linkes Bein und Oberkörper nach unten: 4

Ich ehre Gott

Mit dem rechten Bein einen Schritt nach vorne machen. Gleichzeitig die gestreckten Arme in einem großen Kreis über vorne nach hinten werfen. Die Bewegung mit Blick nach oben beenden. (1 Zeit)

Das linke Bein parallel neben rechtes Bein plazieren. Die Arme direkt vor den Körper bringen, Ellenbogen leicht angewinkelt, Handflächen nach oben. Oberkörper und Kopf zu den Armen beugen. (1 Zeit)

Die Arme wieder nach hinten ausstrecken und den Blick nach oben richten, den Kopf fest im Nacken. (1 Zeit)

In dieser Position verweilen. (1 Zeit)

Während des gesamten Bewegungsablaufs sind die Knie stark gebeugt!

Zählen Sie: rechtes Bein und Arme nach hinten: 1
Beine parallel und Arme vorne: 2
Arme wieder nach hinten: 3
Position halten: 4

Ich freue mich

Mit beiden Armen vor dem Körper einen dreiviertel Kreis nach oben und zur rechten Seite machen. Das rechte Bein dabei vor das linke Bein kreuzen. (1 Zeit)

Lassen Sie sich beim Kreuzen vom Schwung der Arme hochfedern. Nicht springen!

Die Arme in einem halben Armkreis über unten nach links schwingen. Das linke Bein parallel aufsetzten und die Hüfte stark zur linken Seite schieben. Den Armkreis so beenden, daß die Arme diagonal nach oben zeigen. (1 Zeit)

Noch einmal einen Armkreis über unten zur rechten Seite ausführen, so daß die Arme zum Schluß leicht nach unten zeigen. Die Hüfte ebenfalls nach rechts schieben. (1 Zeit)
In dieser Position verweilen. (1 Zeit)

Allen Armbewegungen immer mit dem Blick folgen! Halten Sie die Knie immer leicht gebeugt! Nur so kann die Hüftbewegung deutlich und mit Spaß ausgeführt werden.

Zählen Sie: rechtes Bein kreuzt und Armkreis über oben: 1
linkes Bein parallel und Armkreis über unten: 2
Armkreis über unten: 3
Position halten: 4

Ich bin dankbar

Den Oberkörper genau nach links drehen, dabei das rechte Bein zurücksetzen. Die Arme nach oben werfen. (1 Zeit)
Die Arme nach unten schwingen und dabei den Oberkörper zur rechten Seite drehen. Die Füße verlassen ihren Platz nicht, sie drehen sich nur auf dem Ballen. (1 Zeit)

Die Arme wieder nach oben werfen und klatschen. (1 Zeit)
Die Arme während des Wechsels zur anderen Seite wieder nach unten schwingen. (1 Zeit)
Statt auf der rechten Seite zu klatschen, können Sie auch mit beiden Händen neben dem vorderen Fuß auf den Boden schlagen.

Zählen Sie: Arme hoch zur linken Seite: 1
Arme unten und wechseln: 2
Arme hoch zur rechten Seite und klatschen: 3
Arme unten und wechseln: 4

Literatur

Achebe, Chinua, geboren 1930 in Ogidi/Nigeria-Iboland, Direktor des External Broadcasting des nigerianischen Rundfunks; bei Ausbruch des Biafrakrieges verließ er das staatl. Radio; Lehrtätigkeit an diversen Universitäten in Nigeria und USA, mehrere englischsprachige Werke, Übersetzungen in 16 Sprachen, deutsche Übersetzungen: Okonkwo oder das Alte stürzt, Goverts, Stuttgart, 1959; Obi (No Longer at Ease), Brockhaus, Wiesbaden, 1963; Der Pfeil Gottes,Brockhaus, 1965.

Acogny, Germaine: Afrikanischer Tanz, Fricke Verlag, Frankfurt, 1988
Acogny, Germaine: Ritus und Mhytos, tanz aktuell 3 - 1990

Addy, Obo: Bemerkung zu seiner Komposition „Unser Anfang" im Begleittext der CD" Kronos Quartett - Pieces of Africa", Elektra Entertainment 1992 Obo Addy ist Musiker und lebt in Accra/Ghana

Awoonor, Kofi: Rituelles und modernes Drama, veröffentlicht in: Imfeld, Al: Verlernen was mich stumm macht, Unionsverlag, Zürich 1980
Kofi Awoonor, geb. 1935 in Ghana,Schriftsteller und Kulturphilosoph, Vorlesungstätigkeit in Ghana, USA und England, nach der Rückkehr nach Ghana ein Jahr lang ohne Anklage im Gefängnis.

Bankole, A, Bush, S., Samaan, S:H:: Der Yoruba-Meistertrommler, veröffentlicht in: Imfeld, Al: Verlernen was mich stumm macht, Unionsverlag, Zürich 1988

Bebey, Francis: Eine Liebe in Duala, Hammer Verlag, Wuppertal, Lünen 1987
Francis Bebey wurde 1929 in Duala/Kamerun geboren, veröffentlichte zahlreiche Bücher und Schallplatten und arbeitete im Informationsbüro der UNESCO in Paris. Bebey lebt heute als Sänger und Schriftsteller in Paris.

Cécaire, Aimé; Cahier d´un Retour au Pays Natal, Paris (1939) 1956
Aimé Cécaire, geb. 1913 auf Martinique; Dichter und Begründer der Négritude, Abgeordneter in der franz. Nationalversammlung und kämpfte mit Politik und Literatur gegen den Kolonialismus.

Davidson, Basil: Afrikanische Königreiche,Time-Life International, Nederland, 1975

Flatischler, Reinhard: Die Macht des Rhythmus, Syntesis Verlag,Essen, 1984

Förster, Till: Glänzend wie Gold, Reimer Verlag, Berlin 1987
Förster, Till: Kunst in Afrika, Du Mont, Köln 1988

Griaule, Marcel: Schwarze Genesis, Herder, Freiburg 1970

Günther, Helmut: Jazz Dance, Henschel Verlag, Berlin 1990

Hampate Ba, Amadou: Das Wort überbrückt Jahrhunderte,in UNESCO-Kurier, Bern, Nr.8/9 1979; veröffentlicht in Imfeld, Al: Verlernen was mich stumm macht, Unionsverlag, Zürich 1980
Amadou Hampate-Ba, geb. 1899 in Mali, Schriftsteller und Diplomat, 1962-1970 Mitglied des Exekutivrates der Unesco, widmet sich vor allem der Erforschung und Sammlung der Oralliteratur.

Huet, Michel: Afrikanische Tänze, Du Mont, Köln 1979

Imfeld, Al(Hrsg.): Verlernen was mich stumm macht, Unionsverlag, Zürich 1980
Auszug aus der Rede unter dem Titel „Hindernisse bei einem Dialog zwischen Nord und Süd“ bei der Eröffnung des 1. Festivals der Weltkulturen „Horizonte“, Berlin, 21. Juni 1979
Der Gesang des afrikanischen Griots ist zitiert nach dem Programmheft der Berliner Internationalen Kulturtage 1979, hg. vom Künstlerheim Bethanien

Italiaander, Rolf: Afrika hat viele Gesichter, Droste Verlag, Düsseldorf 1979; Auszug aus einem Gespräch des Autors mit Keita Fodéba
Keita Fodéba, geb. 1921 in Guinea, aufgewachsen als Sohn eines Grioten, Jurastudium in Paris, Gründer des Nationalballetts Guinea, das unter dem inoffiziellen Titel "Botschafter der afrikanischen Kultur" die ganze Welt bereiste. Fodéba war der erste Choreograph, der traditionelle afrikanische Tänze auf der Bühne inszenierte. Viele seiner Gedichte und Lieder (auf Schellackplatten gepreßt) wurden von der franz. Verwaltung wegen nationalistischer Tendenzen in ganz Westafrika verboten. Nach der Teil-Autonomie 1957 wurde Fodéba Innenminister, er nachm auch großen Einfluß auf die Kulturpolitik seines Landes, er arbeitete weiterhin als Ethnologe, Musiker, Dichter und Ballettmeister. Im März 1969 wurde er beschuldigt, an einer Verschwörung gegen den Präsidenten Sékou Touré beteiligt gewesen zu sein, zum Tode verurteilt und hingerichtet. Zum Tod von Kaita Fodéba gibt Rolf Italiaander in o.a. Werk an, Fodéba sei bei einer politischen Auseinandersetzung ermordet worden. (die sonstigen biographischen Angaben sind hauptsächlich entnommen aus: Bender, Wolfgang: Sweet Mother - Afrikanische Musik, Trickster Verlag, München 1985)

Jahn, Jahnheinz: Muntu, Diederichs, Köln 1986
Jahn, Janheinz: Schwarzer Orpheus, Carl Hanser Verlag, München,1954

Jungraithmayr, Herrmann: Märchen aus dem Tschad, Diederichs, Düsseldorf-Köln,1981 Der Vogel Strauß und der Affe

Kane, Cheikh Hamidou: L adventure ambigue, Edition Julliard, Paris, 1961 nach einer Übersetzung von Jahnheinz Jahn aus: Süß ist das Leben in Kumansenu und andere Erzählungen aus Westafrika, Erdmann, Tübingen 1971. Das gesamte Werk „L′ aventure ambigue“ ist unter dem Titel „Der Zwiespalt des Samba Diallo“ in deutscher Sprache erschienen im Otto Lembeck Verlag,Frankfurt 1980

Cheikh Hamidou Kane, geb. 1928 in Matam, Nord-Ost-Senegal, im Alter von zehn Jahren besuchte er die franz. Grundschule, danach Abitur in Dakar und Studium der Philosophie und der Rechtswissenschaft in Paris, nach der Rückkehr in seine Heimat im Ministerium der Regierung Senegals tätig.

Kaunda, Keneth: Briefe an meine Kinder, Lutherisches Verlagshaus, Hamburg 1980

Kayonga, geb. etwa 1885 in Ruanda, ein Dichter von Beruf, Analphabeth. Sein Epos auf die Hungersnot in Ruanda(1946) hat Alexis Kagame aufgeschrieben, veröffentlicht („Ikara nkumare irungu", 1947) und teilweise ins Französische übersetzt. Traditionsgemäß erhielt der Barde von Mutara III. Charles Rudahigwa, dem König von Ruanda, eine Kuh als Honorar. Kayonga starb 1951. Das Gedicht und die Biographie sind entnommen aus: Jahn, Jahnheinz: Schwarzer Orpheus, Carl Hanser Verlag, München,1954

Kubik, Gerhard: Zum Verstehen afrikanischer Musik, Philipp Reclam, jun., Leipzig 1988

Laye, Camara: Der gefallene Herrscher aus dem Buch „Le Maitre de la Parole, Plon, Paris 1979; veröffentlicht in: Heusler, Dagmar (Hrsg.): Aufbruch in eine neue Zeit, Athenäum Verlag, Königstein 1979
Laye, Camara: Einer aus Kurussa, Speer Verlag, Zürich 1954
Laye, Camara:Afrikanische Kindheitserinnerungen, Unesco-Kurier,Bern 3/1979 veröffentlicht in: Imfeld, Al: Verlernen was mich stumm macht, Unionsverlag, Zürich 1980
Laye, Camara: Einer aus Kurussa, Speer-Verlag, Zürich 1954
Camara Laye, geb. 1924 in Kouroussa/Guinea als Sohn eines Goldschmiedes, Ausbildung am Technical College in Conakry, Arbeiter bei Simca und Studium in Paris, 1957 Rückkehr nach Guinea, 1958 Direktor des „Centre de Recherches et d'Etudes" am Informationsministerium in Conakry, nach 1964 hielt er sich im Exil in Senegal auf und starb dort 1980.

Mandela, Zindzi/Magubane, Peter: Schwarz wie ich bin, Lamuv Verlag, Bornheim-Merten, 1982

Martin, Claude: Die Regenwälder Westafrikas Ökologie, Bedrohung, Schutz, Birkhäuser Verlag, Basel, 1989

Mbabi-Katanga, Solomon: Ein Lied für jede Gelgenheit, Unesco-Kurier,8/9, 1979, entnommen aus dem Buch: Imfeld,Al: Verlernen was mich stumm macht, Unionsverlag, Zürich 1980

McFarlane, Basil:Elegien, veröffentlicht in: Förster, Till: Kunst in Afrika

Parin, Paul/Morgenthaler, Fritz/Parin-Matthey,Goldy: Die Weißen denken zu viel, Atlantis Verlag, Zürich 1963

p'Bitek, Okot: Lawinos Lied, Horst Erdmann Verlag, Tübingen 1972 Okot p'Bitek, geb. 1931 in Nord-Uganda, Meister der epischen Tradition und der traditionellen Liedform. „Lawinos Lied" beeinflußte die gesamte ostafrikanische Literatur. Seine Liedform wurde inzwischen von vielen nachgeahmt. Als Antrophologe schreibt er auch kulturkritische Aufsätze.(aus Imfeld, Al(Hrsg.): Verlernen, was mich stumm macht, Unionsverlag, Zürich 1980)

Prince Nico Mbarge and Rocafil Jazz, LP ohne Titel, produziert in Nigeria von Roger All Stars 1976, ASALPS 6, Dessa France 278.159. Liedtext von „Sweet Mother" und folgende Erläuterung entnommen aus: Bender, Wolfgang:Sweet Mother - Moderne afrikanische Musik, Trickster Verlag, München 1985 Prince Nico Mbarga aus Kamerun lebt in Nigeria. Sweet Mother war der größte Hit, den es in Afrika je gegeben haben soll. Sweet Mother wurde auf dem afrikanischen und internationalen Markt angeblich dreizehnmillionenfach verkauft.

Schaedler, Karl-Ferdinand: Africana, Battenberg, 1988

Senghor, Léopld Sédar: Botschaft und Anruf, Lamuv Verlag, Bornheim-Merten 1988
L.S. Senghor, geb. 1906 in Joal/ Senegal, Schulzeit in Senegal, ab 1928 Studium und Aufenthalt in Frankreich, als franz. Staatsbürger im Kriegsdienst, div. politische Ämter, 1960 Staatspräsident der unabhängigen Republik Senegal, 1968 Friedenspreis des Deutschen Buchhandels, Begründer der Négritude. Außer dem angeführten Hauptwerk noch unzählige Dichtungen.

Soyinka, Wole: Die Ausleger, Deutscher Taschenbuchverlag, München, 1988
Wole Soyinke, geb. 1934 in Isara/Nigeria, Studium an der Univesität in Ibadan, Gründer mehrer Theatergruppen, 1967 von der Militärregierung ohne Angabe von Gründen verhaftet und 1969 amnestiert; Generalsekretär der Allafrikanischen Schriftstellervereinigung. Er schrieb Romane, Theaterstücke, Gedichte. In deutsch außerdem erschienen: Die Plage der tollwütigen Hunde, Olten 1979

Starck, Dominique: Auszug aus dem Begleittext im Cover der CD: WASI Rhythms von Cheikh T.Niane, Hans-Peter Künzle u. Dominique Starc k
Dominique Starck, geb. 1956, Musikstudien am Konservatorium und der Musikhochschule Zürich, Lehr- und Konzertdiplom mit Auszeichnung, verschiedene Förderpreise, Studien afrikanischer und orientalischer Musik, kammermusikalische Tätigkeit in Europa und USA, Kompositionen für Kammermusikalische Besetzungen, zu Modern Dance, zu Skulpturen, Obertongesang und Film, CD, MC u. TV Aufzeichnungen.

Tutuola, Amos: Mein Leben im Busch der Geister, Alexander Verlag, Berlin 1991
Tutuola, Amos: Der Palmweintrinker und sein toter Palmweinzapfer in der Totenstadt, Klett-Cotta, Stuttgart, 1986
Amos Tutuola, geb. 1922 in Abeokuta/Nigeria weitere Werke: My Live in the Bush of Gosts, London 1954 (deutsche Übersetzung: Mein Leben im Busch der Geister, Alexander Verlag, Berlin 1991); Simbi and the Satyr of the Dark Jungle, London , 1955; The Brave African Huntress, London 1958

– Vorankündigung –

Ines Blersch, Barbara Brugger

Afrikanische Lieder und Tänze

Wegen der großen Nachfrage ist ein ergänzendes Buch zu »Tanzen zwischen Himmel und Erde« in Vorbereitung. Es wird weitere Tänze von Cheikh Tidiane Niane in Bild und Wort darstellen und auch die dazugehörigen Lieder und Trommelnotationen enthalten. Die hier vorgestellten, durchweg anspruchsvolleren Tänze – wie der Erwachsenentanz und der Hochzeitstanz –, dürften vor allem Tänzerinnen und Tänzer mit einiger Vorerfahrug interessieren.

Der Titel des Buches steht noch nicht ganz fest. Als Erscheinungstermin ist Herbst/Winter 1993 vorgesehen.

Wenn Sie Interesse haben, schreiben Sie uns bitte. Wir werden Sie dann rechtzeitig vor Erscheinen des Buches informieren, so daß Sie es zum ermäßigten Subskriptionspreis bestellen können.

Wir freuen uns auf Ihre Karte.

Die Cassetten zum Buch

Traditionelle afrikanische Lieder und Tänze
Vol1 & Vol2
von Cheikh Tidiane Niane

Nach dem Lesen und Anschauen dieses Buches haben Sie vielleicht Interesse bekommen, die dazugehörige Musik zu hören.

Auf zwei Cassetten hat Cheikh Tidiane Niane die in seinem Unterricht besonders beliebten Lieder und Tänze eingespielt. Seinen Gesang begleitet er mit verschiedenen Trommeln und dem Balaphon.

Auch die in diesem Buch beschriebenen Tänze sind natürlich aufgezeichnet.

Wasi Rhythms
Cheikh Tidiane Niane, Hans-Peter Künzle & Dominique Starck

Eine wunderschöne CD mit sowohl ruhigen hingebungsvollen als auch kraftvoll rhythmischen Stücken.

Die Dokumentation einer echten Begegnung zweier Kulturen. Ebenso wie die Cassetten über den Buchhandel oder direkt beim Arbor Verlag erhältlich.

Unseren kostenlosen Katalog schicken wir Ihnen auf Anfrage gerne zu.

Arbor Verlag
Am Saisen 4, D - 7838 Freiamt